BIN TRAVERLER FORM

Cut By: Antwen Jones **Qty** 25 **Date** 10/23/26

Scanned By: __________ **Qty** _____ **Date** ________

Scanned Batch ID's

__________ __________ __________

Notes / Exceptions

____

PRÉPARER SES EXAMENS

GALOPS 1 à 4 de pleine nature

Programme officiel

Si tu le désires, tu peux remplir ce qui suit :

Ton nom .... Ton prénom ....

Ton adresse ....

....

Tél. : ....

■

Nom et adresse de ton club ....

....

....

Date de réussite de tes GALOPS :

1 .... 3 ....

2 .... 4 ....

Tes poneys ou chevaux préférés ....

....

....

VIGOT

Illustrations (couverture et intérieur) : Yvan Benoist-Gironière

ISBN : 978 2 7114 1518 2 — Dépôt légal : mars 2005
Impression et reliure : Pollina s.a., 85400 Luçon - n° L50680
Imprimé en France

PROGRAMME OFFICIEL
du Comité National de Tourisme Équestre

Les programmes des Galops Fédéraux sont identiques à ceux des Galops de Pleine Nature dans les domaines suivants :

– équitation – soins – connaissances –

Les épreuves portant sur les domaines TOPOGRAPHIE – ORIENTATION et CONNAISSANCE DU MILIEU, sont spécifiques aux Galops de Pleine Nature du Comité National de Tourisme Équestre.

Extraits du règlement

Notation

Chaque galop se compose d'une épreuve pratique à cheval et d'une épreuve théorique, notées séparément. Un galop ne peut être validé que si le candidat obtient un minimum de points requis, à chaque épreuve.

Pour l'ensemble des galops, l'épreuve théorique comporte 10 questions :

- *3 questions sur le programme de connaissances générales,*
- *3 questions sur le programme de connaissance du milieu,*
- *1 question subsidiaire portant sur l'un des trois programmes*

Chaque question est notée sur 4 points, le total minimum exigé pour l'obtention du galop est de 24/40.

Pour tous les Galops
Épreuve de terrain

Toute erreur de parcours non rectifiée ou refus délibéré de franchir une des difficultés entraîne l'élimination de l'épreuve.

Toute rupture de progression du parcours (défense, arrêt non prévu) pendant plus d'une minute, entraîne l'élimination.

Quel que soit l'ordre prévu dans l'utilisation des difficultés, l'exécution doit être faite de manière continue (sans rupture)

Tout enchaînement de deux difficultés consécutives dépassant une minute, entraîne l'élimination.

Les difficultés individuelles (sauf les combinaisons) peuvent être placées dans n'importe quel ordre, à des distances indéterminées.

Les difficultés faisant partie d'une combinaison sont indissociables.

Les côtes et distances réglementaires ne sont pas modifiables.

Table des matières

Programme officiel des Galops de pleine nature

GALOP 1

Après avoir pansé et amené sa monture en main sur le terrain, ÊTRE CAPABLE de se déplacer au pas et au trot.

GALOP 2

Après avoir effectué un pansage complet, bridé et sellé (s'il y a une selle) sa monture, ÊTRE CAPABLE de se déplacer aux trois allures.

GALOP 3

Après avoir vérifié le bon état général de sa monture et lui avoir ajusté le harnachement, ÊTRE CAPABLE de diriger sa monture aux trois allures, sur des sauts isolés ou en terrains variés.

ÉQUITATION

SOINS

CONNAISSANCES

TOPOGRAPHIE ORIENTATION

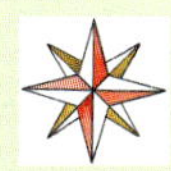

CONNAISSANCE DU MILIEU

PRATIQUE

GALOP 4

**Le cavalier possédant une bonne connaissance :
de l'entretien, des besoins, de la locomotion
et du comportement de sa monture,
doit ÊTRE AUTONOME aux trois allures,
en terrain varié et dans l'enchaînement des sauts.**

ÉQUITATION

• Au pas

• Au trot

• Au galop

• Saut

• Terrain varié

SOINS

Les soins ci-après s'ajoutent à ceux des galops 1, 2 et 3.

CONNAISSANCES

Les thèmes ci-après s'ajoutent à ceux des galops 1, 2 et 3

GALOP 4

TOPOGRAPHIE ORIENTATION

CONNAISSANCE DU MILIEU

PRATIQUE

GALOP 1 • Équitation

CONNAISSANCES PRATIQUES

• QUELQUES EXPRESSIONS À CONNAÎTRE

En équitation, comme dans tous les sports il est nécessaire de comprendre les expressions utilisées par le moniteur et les autres participants. Voici les principales :

Le **manège** est un espace fermé où évoluent les cavaliers. Sur les bords, des lettres servent de repères. Rectangulaire, ses dimensions sont habituellement : 60 m x 20 m ou 40 m x 20 m.

La **carrière** est un espace découvert, où les cavaliers peuvent s'entraîner. On parle de carrière d'obstacle ou de dressage.

La **reprise** est formée par un groupe de cavaliers qui montent en même temps, en suivant les conseils du moniteur. Généralement, les cavaliers ont sensiblement le même niveau.

La **piste** est le chemin que doit suivre le cheval, tout autour du manège ou de la carrière.

Un cavalier **« piste à main droite »** tourne à droite. Sa main droite est dite « main intérieure » et sa main gauche : « main extérieure ».

PLEINE NATURE

Pour les premières leçons d'équitation, il est préférable de monter dans un manège ou dans une carrière, car le moniteur voit tous ses élèves et peut les conseiller individuellement. Tu pourras ensuite utiliser ce que tu as appris, pour monter à l'extérieur.

C'est l'inverse s'il est **« piste à main gauche »**.
Quand deux cavaliers se croisent, celui qui marche « piste à main droite » **reste sur la piste**.
L'autre se décale sur une piste intérieure.
Lorsque le cheval est incurvé, sur un cercle par exemple, la main **intérieure** du cavalier se situe en direction du milieu du cercle.
La **ligne du milieu** est située au milieu du manège, dans le sens de la longueur.
Former la reprise signifie : se mettre à cheval l'un derrière l'autre à la suite du chef de reprise, tout en conservant ses distances (voir plus loin : distances à conserver).
Changer de main signifie changer le sens dans lequel le cavalier tourne à l'intérieur d'un manège ou d'une carrière.

• PRINCIPALES RÈGLES DE SÉCURITÉ À CHEVAL

- N'entre pas dans une carrière ou un manège, sans demander l'autorisation au moniteur car ton entrée pourrait gêner les chevaux qui y travaillent.
- Avant de former la reprise, il faut se ranger l'un à côté de l'autre sur la ligne du milieu, pour éviter les querelles entre les chevaux.
- Ne monte pas à cheval si tu ne portes pas de bombe.
- Reste arrêté tant que le moniteur ne t'invite pas à avancer.
- Dans un manège, le cavalier qui marche piste à main droite ou à l'allure la plus élevée a la priorité sur les autres.
- En reprise et à l'extérieur, il faut « conserver ses distances » : environ la longueur d'un cheval entre deux chevaux.

PLEINE NATURE

Dans la carrière ou à l'extérieur, conserve la place que t'a donnée le moniteur. Il connaît les chevaux qui s'entendent bien ensemble et les regroupe. Si tu veux changer de place, demande-lui l'autorisation.

GALOP 1 • Équitation

CONNAISSANCES PRATIQUES

• MONTER ET DESCENDRE DE CHEVAL

Pour monter à cheval, voici comment procéder en utilisant l'étrier gauche :

- Vérifie le sanglage de la selle pour éviter qu'elle tourne.
- Descends les étriers et règle la longueur des étrivières en les comparant à celle de ton bras : place le poing fermé sous le petit quartier et, normalement, le plancher de l'étrier doit arriver sous ton aisselle. Assure-toi que les deux étriers sont à la même hauteur en te plaçant devant le cheval.
- Place-toi au niveau de l'épaule gauche du cheval, en te tournant légèrement vers l'arrière.
- Pour que le cheval reste en place, ajuste les rênes et maintiens-les à plat sur l'encolure avec la main gauche, en saisissant éventuellement une poignée de crins.
- En dégageant la branche arrière de l'étrier gauche, engages-y ton pied gauche.
- Saisis le troussequin avec la main droite, prends appel sur le pied droit et mets-toi en selle en ayant soin de pencher le buste en avant pour éviter de tirer la selle sur le côté. Ne pique pas le flanc du cheval avec la pointe de ton pied gauche et n'effleure pas sa croupe en passant ton pied droit de l'autre côté.
- Assieds-toi légèrement en selle, chausse l'étrier droit et ajuste les rênes. Te voilà prêt !

PLEINE NATURE

Lève bien la jambe pour te mettre en selle, car le paquetage peut gêner son passage. Pour te mettre en selle plus facilement, tu peux par exemple monter sur une butte de terrain.

MONTER À CHEVAL SANS ÉTRIER

Pour monter un cheval à cru (sans selle), ou monter sans utiliser les étriers, tu peux sauter ou te faire « donner la jambe », par une personne à pied. Place-toi au niveau de l'épaule gauche du cheval, et ajuste tes rênes :

- Pour sauter à cheval, saisis une poignée de crins avec la main gauche en avant du garrot et mets la main droite sur le pommeau de la selle ou sur le garrot. Prends appel sur les deux pieds, saute et tiens-toi sur tes bras tendus avant de te pencher en avant et de passer ta jambe droite par-dessus la croupe.
- Pour monter en te faisant « donner la jambe », présente ta jambe gauche repliée vers l'arrière à une personne qui la saisit au niveau du tibia et t'aide à te hisser en selle.

Assieds-toi toujours doucement pour ne pas heurter le dos du cheval.

DESCENDRE DE CHEVAL

- Pour descendre, ajuste tes rênes pour immobiliser le cheval et tiens-les à plat avec la main gauche au niveau du garrot.
- Déchausse les étriers, prends appui avec les deux mains au niveau du garrot, incline ton buste en avant et rejette la jambe droite par-dessus la croupe sans l'effleurer.
- Laisse-toi glisser sur le côté gauche du cheval et mets souplement pied à terre.
- Il reste à passer les rênes par-dessus l'encolure, à remonter les étriers et à dessangler de deux trous.

PLEINE NATURE

À l'extérieur, il est conseillé de savoir monter et descendre de cheval aussi bien à droite qu'à gauche. Sur un chemin à flanc de montagne, place-toi du côté amont (côté le plus haut), pour ne pas être gêné par la pente.

COMMENT TENIR LES RÊNES

Tu peux tenir une rêne dans chaque main ou les deux rênes dans une main. En position de travail, les deux rênes sont ajustées et d'égale longueur, conservant constamment un contact doux avec la bouche du cheval.

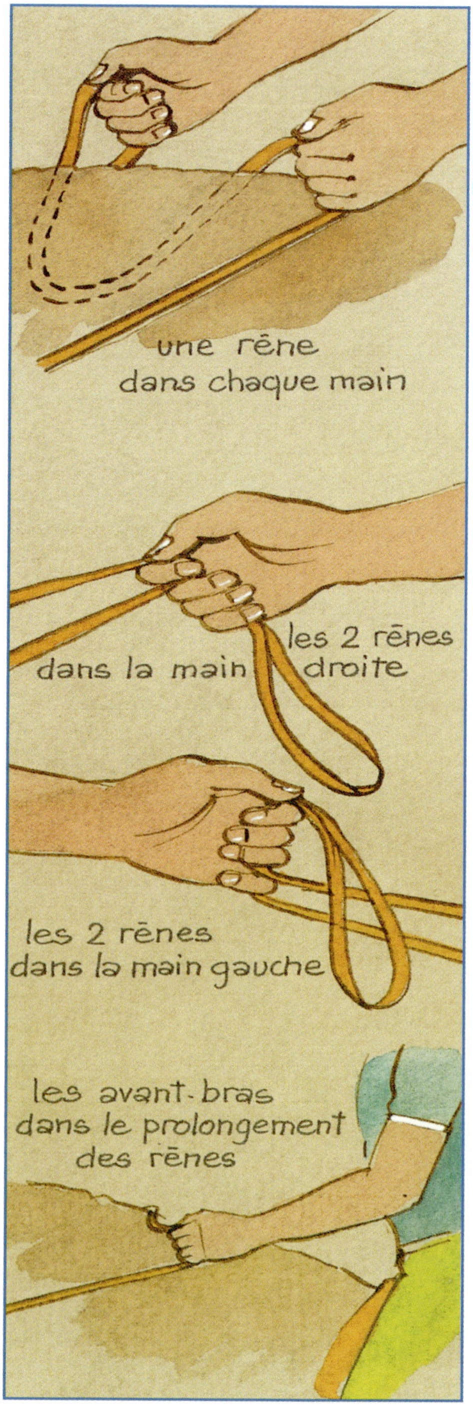

• UNE RÊNE DANS CHAQUE MAIN

En partant de la bouche du cheval, la rêne passe sous l'auriculaire (petit doigt), et ressort entre le pouce et l'index. Le pouce est en contact avec la face brillante de la rêne.
Les ongles des mains se font face, les pouces vers le haut. Le flot libre des rênes passe à droite entre la rêne droite et l'encolure.

• LES DEUX RÊNES DANS UNE MAIN

- Lorsque les deux rênes sont tenues d'une manière classique dans la main gauche, le petit doigt les sépare. Les deux rênes superposées sont maintenues entre le pouce et l'index.
- Les deux rênes dans la main droite peuvent être tenues différemment. De cette manière moins classique, elles arrivent de la bouche du cheval, sont séparées par l'index et sortent toutes deux vers le bas.

• POSITION DES AVANT-BRAS

Lorsque tu tiens les rênes, les pouces sont vers le haut, les ongles se font face.
Tes coudes tombent naturellement le long du corps.
Tes avant-bras, tes poignets et les rênes, doivent former des lignes droites, sans présenter de cassure au niveau des poignets.

PLEINE NATURE

À l'extérieur, il est fréquent de laisser les rênes longues, pour que le cheval puisse choisir librement les meilleurs passages. Il conserve ainsi la liberté de son encolure qui lui sert de balancier pour maintenir son équilibre

AU PAS ••• RECHERCHER SON ÉQUILIBRE ASSIS

À cheval, il faut être assis sur le siège de la selle, assez près du pommeau, d'aplomb sur ses deux fesses.
Le buste et la tête sont droits, comme lorsque tu te tiens debout. tes épaules en position normale ne doivent pas s'avancer, ce qui arrondirait ton dos.
Tes jambes tombent naturellement, pointes vers le bas lorsque tu es sans étriers, et talons bas lorsque tu as chaussé les étriers.
Les mains sont dirigées dans le prolongement des avant-bras.
Lorsque le cheval est en mouvement, la souplesse de ton rein et le jeu de tes articulations, te permettent de suivre tous les mouvements du cheval.
Même en promenade et en randonnée, efforce-toi de conserver une bonne position, esthétique et efficace.

*Avec étriers,
si tes jambes sont bien placées,
tu peux te mettre en suspension
sans effort.*

*Sans étriers,
tes jambes
tombent
naturellement,
sans raideur.*

PLEINE NATURE

Si tu en as la possibilité et si le dos de ton cheval est suffisamment rond, monte a cru de temps en temps. C'est une excellente manière de sentir et de s'accorder avec les mouvements du dos du cheval

AU PAS ••• S'ARRÊTER

Pour ralentir et s'arrêter, le cavalier agit sur la bouche du cheval par l'intermédiaire du mors et des rênes. Quelle que soit l'allure, l'action doit être progressive, sans à-coup ni brutalité.
Comment procéder :

- Serre progressivement les doigts sur des rênes ajustées tout en soutenant les poignets, ce qui augmente la tension des rênes.
- Grandis en même temps ton corps ;
- Conserve les jambes au contact, pour que le cheval s'arrête droit.
- Dès que le cheval a obéi, cède en relâchant légèrement la tension des rênes.

• QUELQUES ERREURS À ÉVITER

- Si tu agis trop brusquement avec les mains, la bouche du cheval en souffre et il peut donner des coups de tête vers le haut.
- Si le cheval ne sent pas le contact de tes jambes, il peut se mettre de travers en s'arrêtant.
- Si tu ne relâches pas la tension des rênes lorsqu'il est arrêté, le cheval peut reculer.

PLEINE NATURE

Même en promenade, évite d'arrêter les chevaux en groupe car ils risquent de se chamailler, de se botter, mais aussi de frotter leurs sacoches ou de mordiller les harnachements.

AU PAS ••• PARTIR AU PAS

Les rênes doivent être ajustées pour que le cheval se sente guidé.

- Desserre légèrement les doigts sur les rênes, mais sans les lâcher.
- Pour faire avancer le cheval, agis avec tes jambes car il a été dressé de cette façon. Tes mollets doivent exercer des pressions simultanées (les deux en même temps) juste en arrière de la sangle.
- Répète énergiquement ces pressions jusqu'à ce que le cheval t'obéisse en se portant en avant, mais sans écarter les jambes pour frapper ses flancs.
- Lorsque le cheval est au pas, laisse ton bassin accompagner les mouvements du cheval en gardant le rein souple.
- Laisse les bras suivre le balancement de l'encolure.
- Si le cheval cherche à s'arrêter, agis immédiatement avec tes jambes.

• À NE PAS FAIRE

N'agite pas les mains lorsque tu agis avec tes jambes, car tu donnerais deux ordres contradictoires au cheval. En effet, le cheval ne peut pas comprendre que tes jambes lui demandent d'avancer, alors que les à-coups qu'il reçoit dans la bouche l'incitent à s'arrêter.

PLEINE NATURE

Au départ de l'étape, il est préférable de marcher une dizaine de minutes à côté de son cheval pour bien l'échauffer. Ensuite, ressangle et vérifie que les sacoches sont à la même hauteur.

GALOP 1 • Équitation

AU PAS ••• ENTRETENIR LE PAS

Lorsque le cheval est au pas, il faut l'inciter à continuer à avancer en entretenant son impulsion.
Les chevaux particulièrement mous ont besoin de beaucoup d'actions de jambes pour avancer alors que d'autres, « plus chauds » se portent vivement en avant, sur une simple pression des mollets.
À toi de doser tes actions en fonction du tempérament du cheval.
Si le cheval ralentit, agis énergiquement avec tes jambes pour qu'il comprenne bien que tu es décidé à te faire obéir.
Pour entretenir le mouvement en avant, agis avec ton bassin. En augmentant l'amplitude des mouvements de ton bassin, tu incites le cheval à allonger son pas.
En allongeant son pas, le cheval a tendance à allonger son encolure en la tendant vers l'avant et vers le bas. Il a donc besoin de rênes plus longues, et tes mains doivent accompagner les mouvements de son encolure.
Pour inciter le cheval à garder la piste, tu peux raccourcir légèrement la rêne extérieure (côté mur).

PLEINE NATURE

Le pas rapide est un avantage pour le cheval de randonnée, car c'est l'allure la plus utilisée. Il est en effet très désagréable qu'un cheval trottine alors que les autres marchent au pas.

AU PAS ••• CONDUIRE SUR DES COURBES LARGES

Puisque tu sais maintenant mettre ton cheval en mouvement, entretenir son pas et le garder sur la piste, il va falloir apprendre à tourner et à le « conduire sur des courbes larges ». Au niveau du galop 2, on te demandera de le « conduire sur des courbes serrées », ce qui est un peu plus difficile. Que la courbe suivie par le cheval soit large ou serrée, elle doit être régulièrement arrondie, sans présenter de cassure.

Voici comment procéder pour tourner :

- Préparation
  Avant de tourner ajuste tes rênes, à la même longueur et entretiens le mouvement en avant avec tes jambes car en tournant, le cheval a tendance à ralentir.
- Comment tourner à droite

Les différentes manières de tourner sont étudiées en détail au galop 3.
À ton niveau, il suffit de regarder vers la droite en tournant en même temps les épaules légèrement vers la droite.

- Pivote le poignet de la main droite pour diriger les ongles vers le haut. Porte cette main vers la droite, en suivant le mouvement de ton buste. Le bout du nez du cheval est attiré vers la droite. L'encolure s'arrondit vers la droite et le cheval tourne dans ce sens.
- En portant ta main droite vers la droite, ta main gauche avance légèrement, pour permettre à l'encolure de s'arrondir.

En écartant plus ou moins la main droite, tu règles le tracé de la courbe.
Pour tourner à gauche, agis de la même manière, mais en sens inverse.

PLEINE NATURE

À l'extérieur, il est rare de devoir tourner très court. En suivant des courbes larges, regarde toujours dans la direction où tu veux aller. En tournant ta tête et tes épaules, tu incites le cheval à aller dans la direction choisie.

GALOP 1 • Équitation

AU TROT ••• DÉCOUVRIR SON ÉQUILIBRE

Puisque tu es maintenant à l'aise au pas, tu peux essayer de ressentir ce qui se passe, lorsque le cheval se met au trot. À cette allure, tu peux constater qu'il se projette vers le haut par saccades rythmées avec les mouvements de ses membres. Ces mouvements du dos du cheval qui n'existaient pas au pas, sont inconfortables. Avec un peu d'habitude, tu peux cependant absorber ces mouvements avec le jeu de ton rein, lorsque tu montes sans selle par exemple.

Pour ne plus ressentir ces saccades, tu peux aussi te mettre en équilibre au-dessus de tes étriers. Afin d'y parvenir, chausse les étriers et conserve les talons bas. Maintiens les jambes en place sans les laisser avancer et incline légèrement ton buste en avant, sans arrondir le dos.

Tu peux tenir une poignée de crins pour éviter de retomber lourdement dans la selle ou prendre légèrement appui avec tes mains au niveau du garrot. Essaie d'abord de rester ainsi en équilibre à l'arrêt, puis au pas, avant de trotter.

Plus tard, tu apprendras à « trotter enlevé », en te dégageant de la selle au rythme des mouvements du cheval. Surtout, ne te raccroche pas aux rênes, car tu ferais souffrir la bouche du cheval.

Ne regarde pas par terre, ne fais pas le dos rond…

… pas de fesses en l'air, ne soit pas « perché »…

… mais bien au-dessus de tes pieds, sans retomber dans ta selle si le cheval accélère.

PLEINE NATURE

En randonnée, il est rare de rester au trot assis. Soit le cheval est au pas, soit le cavalier trotte enlevé. Pour cela, il faut apprendre à conserver souplement ton équilibre au-dessus des étriers, sans retomber lourdement dans la selle.

AU TROT ••• S'ÉQUILIBRER SUR LES ÉTRIERS

Après t'être mis en selle, vérifie la longueur des étrivières. Celle-ci est variable en fonction de l'activité pratiquée.
En règle générale : le plancher de l'étrier (partie la plus basse), doit arriver sensiblement au niveau de la cheville lorsque la jambe tombe naturellement, étrier déchaussé.

COMMENT CHAUSSER LES ÉTRIERS

En pendant naturellement, le plancher des étriers se place parallèlement à l'axe du cheval. Pour introduire les pieds directement dans les étriers sans te servir de tes mains, il suffit de lever les pointes des pieds et de les tourner vers l'intérieur en direction du cheval. Vérifie que les étrivières sont bien disposées à plat contre tes jambes.

POSITION DES PIEDS DANS LES ÉTRIERS

L'étrier ne doit pas être chaussé à fond, mais à environ un tiers du pied.
Dirige les pointes des pieds vers l'avant, et non sur les côtés.
En décontractant les jambes, celles-ci descendent naturellement : « talons bas », c'est la bonne position.

PLEINE NATURE

Pour « travailler ton assiette », reste de temps en temps au trot assis. Même si ce n'est pas très confortable au début, tu prendras progressivement de l'assiette et de la fixité, quelle que soit l'allure.

AU TROT ••• PARTIR AU TROT

En augmentant sa vitesse, le cheval qui marche au pas passe naturellement au trot.
Au pas, les rênes doivent être ajustées pour que le cheval se sente guidé.
Pour partir au trot, desserre légèrement tes doigts, et agis avec les deux jambes en même temps, par des pressions progressives. Le cheval allonge le pas et passe au trot si tes actions de jambes sont suffisamment vigoureuses.
Tu ressens ce passage du pas au trot, par des secousses rythmées sur l'allure du cheval.
Il faut absolument éviter d'agiter tes mains, pour ne pas transmettre d'à-coups à la bouche du cheval.
Pour amortir les secousses, il est préférable de trotter enlevé.
Mais si tu restes au trot assis, ne te penche surtout pas en avant, car ton rein ne pourrait pas amortir les secousses du trot. Au trot assis, il faut rejeter les épaules en arrière et laisser jouer la souplesse du rein, tout en étant assis le plus en avant possible sur la selle.

PLEINE NATURE

Lorsque tu es au trot assis, surtout ne te penche pas en avant et n'arrondis pas ton dos, ce qui est très inconfortable. Au contraire, rejette tes épaules en arrière et assieds-toi le plus en avant possible sur la selle.

AU TROT ••• ENTRETENIR LE TROT

Tout en conservant une distance équivalente à la longueur d'un cheval avec celui qui te précède, ne laisse pas le cheval quitter la piste ou repasser au pas. Que tu sois au trot assis ou au trot enlevé, il faut garder les mollets au contact du cheval et agir chaque fois qu'il ralentit. Ne lui laisse pas l'occasion de désobéir. Tes actions de jambes doivent être très progressives, car si tu agis trop fort, le cheval peut accélérer brutalement et partir au galop. Tu dois trotter à vitesse régulière, en accord avec les autres cavaliers de la reprise.

PLEINE NATURE

Lorsque le terrain le permet, il est agréable de trotter. Tous les chevaux du même groupe doivent trotter régulièrement à la même vitesse, pour ne pas se dépasser. Le guide de randonnée se place devant, pour régler l'allure.
Prends l'habitude de surveiller le paquetage du cheval qui te précède et préviens le cavalier, si quelque chose ne va pas.

AU TROT ••• REVENIR AU PAS

Si tu es au trot enlevé, ralentis le cheval en serrant les doigts sur les rênes. Lorsqu'il ralentit suffisamment son trot, redresse ton buste, reste quelques foulées au trot assis tout en continuant à serrer les doigts sur les rênes pour que le cheval continue à ralentir. Il passe alors progressivement au pas.
Lorsqu'il est au pas, ouvre tes doigts pour lui permettre d'allonger son encolure, mais garde le contact avec sa bouche. Accompagne avec tes mains les mouvements de l'encolure.
Les jambes restent au contact, car le cheval doit conserver un pas actif.
Toutes les actions de mains doivent être douces et progressives.

PLEINE NATURE

Pour passer du trot au pas, le guide prévient les cavaliers qui le suivent, en bougeant le bras tendu sur le côté. Les cavaliers doivent alors ralentir progressivement, pour éviter les contacts entre les chevaux.
Fais attention à ne pas marcher sur les postérieurs du cheval qui te précède. Dès que ton cheval est au pas, rallonge tes rênes pour lui laisser de la liberté d'encolure.

AU GALOP ••• DÉCOUVRIR SON ÉQUILIBRE

galop assis
en souplesse

galop en suspension
et en souplesse

En augmentant sa vitesse, le cheval qui trotte passe naturellement au galop par « allongement d'allure ». Au galop le dos du cheval effectue un mouvement de bascule que le cavalier doit accompagner.
Il y a deux manières de galoper :

- En restant assis en contact avec le cheval, garde le buste d'aplomb.
- En se mettant en équilibre au-dessus des étriers.

Pour trouver ton équilibre au **galop assis** sans décoller de la selle, tu dois maintenir le dos droit sans t'appuyer sur les étriers. La souplesse de ton rein et le libre jeu de tes articulations te permettent de suivre les mouvements du dos de ta monture.
Au galop rapide, il est difficile de suivre les mouvements de bascule. Il est alors préférable de **galoper en suspension** ; raccourcis les étrivières de deux trous au minimum. Recule un peu les jambes, baisse tes talons, avance la ceinture, incline légèrement le buste en avant sans l'arrondir. Plus les étriers sont courts, plus tes articulations sont fléchies et plus le buste doit être incliné en avant.
Les rênes sont ajustées, mais les mains doivent accompagner les mouvements de l'encolure.
Les jambes entretiennent le galop.

• EN PRATIQUE

Dans un manège, pour apprendre à galoper assis, tu peux :

- Tenir le pommeau de la selle avec la main intérieure en rallongeant cette rêne.
- Garder le cheval sur la piste en raccourcissant légèrement la rêne extérieure.
- Agir avec tes jambes pour mettre le cheval au galop tout en rejetant tes épaules en arrière sans te pencher en avant.

PLEINE NATURE

On ne galope pas sur un chemin dont on ne connaît pas la nature du sol. Une bonne visibilité est également nécessaire. Pour son confort, le cavalier galope généralement en suspension en gênant le moins possible le cheval.

GALOP 1 • Soins

ABORDER, METTRE UN LICOL, ATTACHER

Les chevaux ont des caractères différents, mais restent souvent craintifs. Quelle que soit la situation, préviens le cheval de ton arrivée en lui parlant calmement, pour éviter de le surprendre. Il est préférable de l'aborder du côté gauche car il en a l'habitude. Suivant les cas, respecte les précautions suivantes.

• ABORDER UN CHEVAL ATTACHÉ

S'il est attaché dans une stalle ou contre un mur, appelle-le par son nom pour ne pas le surprendre. Approche-toi de sa tête en passant de préférence du côté gauche, mais ne reste pas derrière lui. Ne te laisse pas coincer contre le bat-flanc ou le mur : pousse-le sans brusquerie pour qu'il libère le passage.

• ABORDER UN CHEVAL DANS UN BOX

Après être entré dans le box, évite de laisser la porte ouverte, car il pourrait s'échapper. Dirige-toi vers sa tête, et ne te laisse pas coincer contre le mur ou dans un coin.

• ABORDER UN CHEVAL EN PÂTURE

Avance doucement vers lui en lui parlant pour ne pas l'effaroucher. Tends la main en lui présentant éventuellement une friandise pour le mettre en confiance. Surtout, ne cours pas car il sera toujours plus rapide que toi. Dirige-toi vers sa tête et passe-lui le bras, ou la corde du licol, autour de l'encolure. Mets ensuite le licol.

PLEINE NATURE

Le cheval d'extérieur, doit être habitué à se laisser aborder autant à gauche qu'à droite, qu'il soit attaché, en box ou en pâture. Il faut le prévenir en lui parlant lorsque tu l'approches, pour ne pas le surprendre.

ABORDER, METTRE UN LICOL, ATTACHER

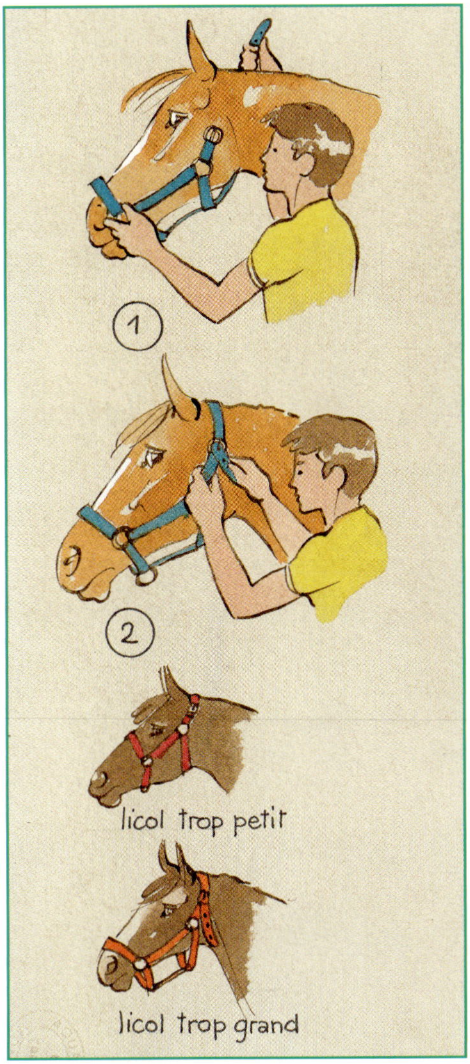

Le licol permet de conduire le cheval en main et de l'attacher avec une longe.

• COMMENT METTRE LE LICOL

▪ Préparer le licol

Avant d'aborder le cheval, déboucle le licol. Prends dans la main droite la longue lanière (dessus de tête), et dans la main gauche la muserolle du licol. La longe peut être passée au bras pour ne pas traîner par terre.

Place-toi du côté gauche du cheval, près de la tête. Présente le licol en passant la main droite, du côté droit de sa tête. Engage la muserolle autour de son nez avec la main gauche. En même temps, la main droite passe l'extrémité du dessus de tête par-dessus la nuque, juste derrière les oreilles. Il reste à boucler le licol avec les deux mains et à vérifier son réglage. Des modèles particuliers en corde, sont équipés d'un système de boucle à crochet.

▪ Ajuster le licol

La muserolle est ajustée à mi-chanfrein sans comprimer les naseaux et sans être trop serrée, ce qui gênerait l'ouverture de la bouche.

Un licol trop petit ou bouclé trop court comprime la gorge et le chanfrein et gêne la respiration.

Trop lâche, il ne tient pas en place.

En randonnée, il est prudent d'emporter un licol léger de secours roulé dans ses sacoches.

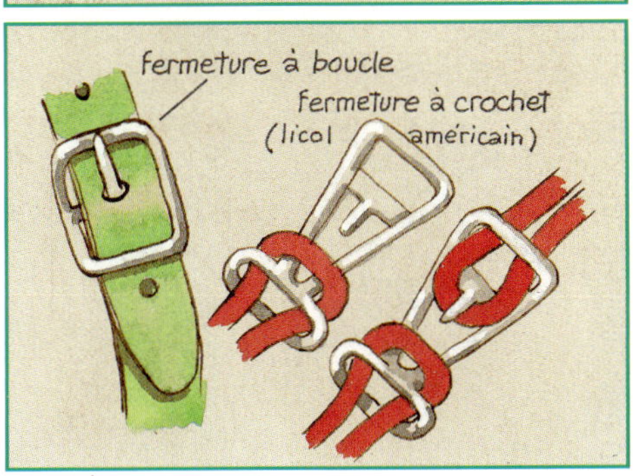

PLEINE NATURE

Le cavalier randonneur est souvent amené à attacher son cheval à l'extérieur. On peut laisser un licol sous le bridon et disposer la longe autour de l'encolure. Il suffit alors de la défaire pour attacher le cheval

ABORDER, METTRE UN LICOL, ATTACHER LE CHEVAL

Certains chevaux supportent mal d'être attachés, surtout lorsqu'ils sont seuls. Ils peuvent tirer dangereusement sur la longe pour essayer de se libérer. On dit dans ce cas qu'ils « tirent au renard ». Voici les principales précautions à respecter :

• OÙ L'ATTACHER ?

N'attache pas un cheval n'importe où. L'endroit doit permettre de circuler librement autour de lui. Ne l'attache pas dans un endroit de passage ou trop près d'un autre cheval. Dans la nature, il est préférable de nouer la longe à une branche souple pour laisser un peu de liberté au cheval. Vérifie qu'aucun objet dangereux tout autour ou sur le sol ne peut le blesser.

• QUELLE HAUTEUR D'ATTACHE ?

Un cheval attaché trop bas risque de se prendre un antérieur dans la longe, de paniquer et de se faire une dangereuse « prise de longe ». La bonne hauteur du point d'attache correspond à la hauteur de l'anneau du licol lorsque le cheval prend une position normale. Il est préférable de l'attacher un peu trop haut que trop bas. Les anneaux d'attache utilisés pour toutes les tailles de chevaux, doivent être placés à environ 1,30 m de hauteur, voire plus haut.

• QUELLE LONGUEUR DE LONGE ?

Attaché trop long, le cheval peut se prendre un antérieur dans la corde. À l'inverse il peut se sentir prisonnier d'une longe trop courte qui manque d'élasticité. La longueur d'attache doit être un peu plus longue que la longueur de ton bras (environ 80 cm). L'idéal est de disposer un billot au bout de la longe qui la garde constamment tendue.

ABORDER, METTRE UN LICOL, ATTACHER LE CHEVAL

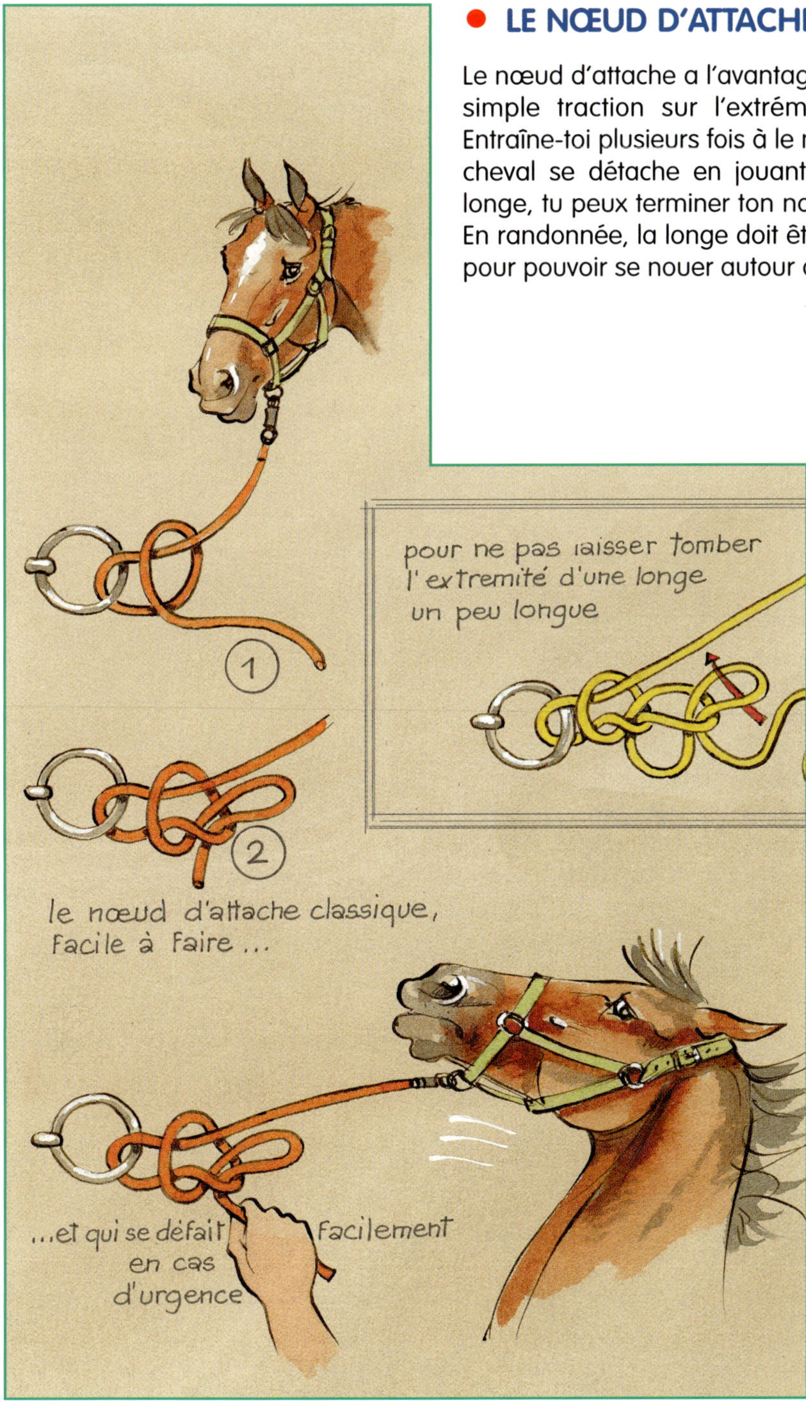

LE NŒUD D'ATTACHE

Le nœud d'attache a l'avantage de se défaire par une simple traction sur l'extrémité libre de la longe. Entraîne-toi plusieurs fois à le nouer. Pour éviter que le cheval se détache en jouant avec l'extrémité de la longe, tu peux terminer ton nœud par des bouclettes. En randonnée, la longe doit être suffisamment longue pour pouvoir se nouer autour d'un arbre par exemple.

PLEINE NATURE

Un cheval surpris peut brusquement tirer sur sa longe pour essayer de se libérer. Il faut alors pouvoir défaire rapidement la longe. Le nœud d'attache se défait par une simple traction de l'extrémité libre. Ce nœud doit être connu de tous les randonneurs.
N'attache jamais le cheval trop bas, pour ne pas risquer une prise de longe autour d'un membre antérieur. 1,30 m est une bonne hauteur d'attache. Mieux vaut attacher plus haut que plus bas !

GALOP 1 • Soins

EFFECTUER UN PANSAGE ÉLÉMENTAIRE

Le cheval que tu montes doit être propre. Le pansage nettoie le poil, démêle les crins, masse le cheval et lui procure une sensation agréable qui renforce votre complicité. C'est également l'occasion de vérifier que tout va bien, et qu'il n'est blessé nulle part.

QUAND PANSER LE CHEVAL

Il faut panser le cheval avant de le monter, mais quelques soins sont également nécessaires après le travail.

• CURER LES PIEDS

- Cure les pieds à l'intérieur du box, ce qui évite de salir la cour du club avec les « galettes de fumier » collées sous les sabots. Les pieds doivent être également curés au retour du travail pour s'assurer qu'un éventuel caillou n'est pas coincé sous le sabot.
- Pour lever les pieds, place-toi de côté, tourné vers l'arrière. Glisse ta main le long du membre et soulève le pied. **Ensuite :**
- Pour un **antérieur**, plie le membre en le soulevant et tiens le fermement au niveau du sabot.
- Pour un **postérieur**, soulève le pied en le tenant par le paturon, recule-le et pose-le éventuellement sur ton genou.

Avec le cure-pieds, cure alors les lacunes latérales et dégage complètement la sole.
Chaque fois que tu lèves un pied, dis au cheval : « donne », ou « pied ». Il s'habitue alors à donner son pied lorsque tu le lui demandes.
Tout en restant à la gauche du cheval, tu peux l'habituer à donner ses 4 pieds de ce côté.

PLEINE NATURE

Les pieds doivent être soigneusement curés, pour éviter que des cailloux ne restent coincés sous la sole, ce qui la blesserait. Le cure-pieds doit donc être accessible à tout moment.

EFFECTUER UN PANSAGE ÉLÉMENTAIRE

● ÉTRILLER

Si le cheval est très sale, il faut passer l'étrille voir sa description page 31 sur toutes ses parties charnues (parties musculaires) en évitant les endroits sensibles (parties osseuses et tendons). L'étrille décrotte la peau et masse le cheval. Elle est passée en appuyant. Les mouvements circulaires décollent le poil en profondeur. Pendant le pansage, enlève régulièrement les poussières accumulées dans l'étrille en la frappant sur le sol ou contre le bois de la brosse.

● BOUCHONNER

Le pansage sommaire continue avec un bouchon (brosse en chiendent ou en plastique) passé sur tout le corps. Il nettoie le poil et le débarrasse des pellicules de peau morte. Il faut appuyer fort sur la brosse en donnant un coup à rebrousse poil pour décoller les poussières et un coup dans le sens du poil pour le rabattre. N'oublie pas la tête et la face intérieure des membres.
Le bouchon est frotté régulièrement contre l'étrille pour enlever les poussières accumulées dans la brosse.

● BROSSER LES CRINS

Il reste à brosser les crins et la queue.
Tiens la queue dans la main gauche et lâche progressivement des mèches que tu brosses l'une après l'autre pour démêler les crins.
Tu peux également laver la queue dans un seau.
Au retour du travail, si ton cheval est mouillé par la transpiration, frotte-le vigoureusement avec une poignée de paille pour sécher son poil. Change la paille dès qu'elle est mouillée.

Le pansage complet figure au galop 2.

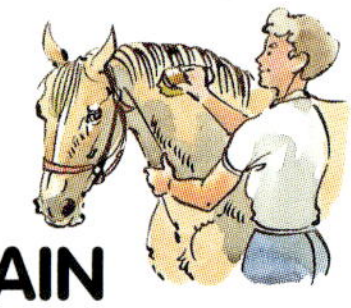

AMENER SA MONTURE EN FILET EN MAIN SUR LE TERRAIN

Lorsque le filet est en place, il faut emmener en main le cheval dans le manège ou dans la carrière. Remonte les étriers pour éviter qu'ils battent contre les flancs du cheval. Défais le licol placé en attente par-dessus le filet.

• MENER LE CHEVAL AVEC LES RÊNES

Il y a deux manières de le mener :

- Soit en laissant les rênes sur l'encolure, ce qui évite de les laisser pendre. Il suffit dans ce cas de tenir la rêne gauche ou les deux rênes, avec la main droite, à une quinzaine de centimètres de la bouche.
- Soit en tenant normalement les rênes avec les deux mains de la façon suivante : place-toi à sa gauche et défais le licol ;
- Avec la **main droite**, tiens les deux rênes à environ 15 cm de sa bouche, de façon à ne pas la comprimer.
- Avec la **main gauche**, tiens l'extrémité du flot des rênes (extrémité libre). Pour éviter que les rênes glissent dans la main, tu peux passer le pouce entre les deux rênes au niveau de la boucle.

• OÙ TE PLACER

Marche à gauche du cheval, au niveau de son épaule et règle ta vitesse sur la sienne.
Si le cheval refuse d'avancer, incite-le à marcher avec la voix, mais ne tire pas sur les rênes car par réaction, il tirerait vers l'arrière.
Dans un passage étroit, mets-toi devant lui tout en tenant les rênes. Surtout ne le laisse pas te dépasser. Ensuite, reprends ta position normale, à côté de son épaule.
À l'extérieur, dans les pentes et les chemins étroits, il est préférable de mener le cheval avec la longe du licol laissé sous le filet. Les rênes restent sur l'encolure, coincées sous les étriers.

AMENER SA MONTURE EN FILET EN MAIN SUR LE TERRAIN

• AVANT DE MONTER

Arrête-toi, passe les rênes par-dessus l'encolure, descends les étriers et tiens les rênes correctement. Place-toi au niveau de la tête du cheval, car cela le sécurise.
Ne monte pas à cheval tant que ton moniteur ne t'y invite pas.
Le paquetage de randonnée peut gêner le passage de la jambe. Il faut alors régler l'étrier gauche un peu court et le rallonger lorsque tu es en selle.
Pour te mettre à cheval plus facilement, tu peux te faire aider ou utiliser un marche-pied : bosse de terrain, grosse pierre, etc.
C'est pour cette raison que les chevaux de taille modeste sont plus agréables en randonnée que les grands sujets.

PLEINE NATURE

Avant de monter à cheval, vérifie le sanglage et assure-toi que les sacoches sont bien équilibrées et correctement attachées à la selle. Elles doivent être bien fermées pour que l'intérieur reste abrité de la pluie.
À l'extérieur, il peut être utile de monter à cheval du côté droit, sur un sentier à flanc de montagne par exemple. Entraîne-toi !

GALOP 1 • Soins

DÉBRIDER, DESSELLER

Après avoir mis pied à terre, il faut ramener le cheval à l'écurie, le débrider et le desseller.

• DANS QUEL ORDRE PROCÉDER

- Si le cheval doit être attaché en stalle ou à un anneau, passe le licol en collier autour de l'encolure sans enfermer les rênes. Commence par débrider le cheval. Mets ensuite le licol en place avant de desseller.
- Si le cheval est en box, il est préférable de le desseller d'abord car tu as besoin du filet pour le tenir.

• COMMENT DÉBRIDER

Place-toi du côté gauche, passe les rênes à ton bras ou sur l'épaule. Déboucle la muserolle s'il y en a une et la sous-gorge. Glisse ensuite la têtière vers l'avant en touchant le moins possible les oreilles. Porte le bridon à ton bras ou à l'épaule pour avoir les mains libres. Ne range pas le mors sans l'avoir nettoyé et suspends le filet correctement.

• COMMENT DESSELLER

Vérifie que les étriers sont remontés et place-toi à gauche du cheval. Déboucle la sangle en évitant qu'elle frappe les tendons en tombant. Va ensuite à droite en passant sous l'encolure et mets la sangle sur la selle. Reviens à gauche, prends la selle à deux mains et soulève-la légèrement pour pouvoir l'enlever. Avec un peu d'habitude, tu apprendras à rabattre directement la sangle sur la selle tout en restant à gauche.

PLEINE NATURE

Si tu ne disposes pas d'un porte selle, pose la selle à l'envers en l'appuyant contre un arbre dans un endroit protégé de la pluie. Place le bridon dessus pour ne pas l'égarer. À la halte, il est tout de même préférable de mettre la selle sur un porte selle et de suspendre le bridon.

GALOP 1 • Connaissances

SANTÉ ET SÉCURITÉ DU CAVALIER

Contrairement à la plupart des sports, l'équitation fait intervenir un animal dont on ne maîtrise pas toujours les réactions. L'apprentissage du cavalier va donc de pair avec la connaissance de l'animal. Prudence oblige, il faut également respecter les mesures de sécurité décrites tout au long de ce manuel.

Voici les remèdes aux principales affections du randonneur.

LES COURBATURES DOULOUREUSES

Après plusieurs heures de selle le cavalier peut souffrir de courbatures.
Elles disparaissent d'elles-mêmes après quelques jours. En effet, certains muscles utilisés en équitation, n'ont pas l'habitude de travailler.
Si le mal persiste, il faut consulter un médecin. En montant régulièrement, les courbatures s'estompent progressivement. Il faut se protéger du froid et de l'humidité, qui gênent la récupération musculaire.

LES IRRITATIONS

La peau sensible des fesses et des mollets, subit des traumatismes dus aux chocs répétés et aux frottements. Une culotte de cheval, des sous-vêtements et des chaussures adaptés limitent les dégâts, tant que la peau n'est pas endurcie. Des pommades prescrites par un pharmacien ou un médecin, soignent efficacement les irritations.

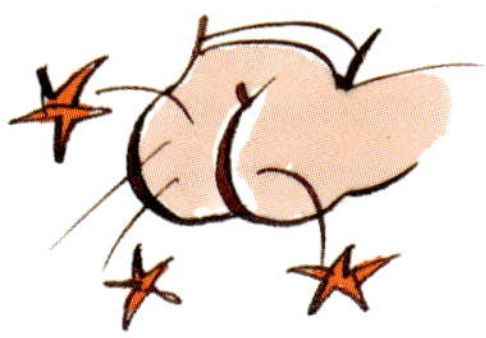

CONSEILS PRATIQUES

- En hiver, les mains et les pieds du cavalier souffrent souvent du froid : il faut mettre des gants et des chaussettes chaudes.
- En été, il est nécessaire de protéger la peau des ardeurs du soleil, en utilisant une crème solaire adaptée. La tête doit être protégée par une coiffe.
- Attention aux fruits non lavés, qui provoquent des aphtes.
- Pour éviter les douloureuses ampoules, des chaussures confortables sont indispensables.

LES PROBLÈMES DE DOS (LOMBALGIES)

Une mauvaise position due à la fatigue, à la douleur ou encore à un cheval particulièrement inconfortable, peuvent provoquer un mal au dos. Pendant la randonnée, il faut marcher de temps en temps à côté du cheval, pour se détendre. Les reins doivent être protégés du froid. Si tu souffres régulièrement du dos, fais un sport complémentaire comme la natation.

LES PRINCIPALES PARTIES EXTERNES DE SA MONTURE

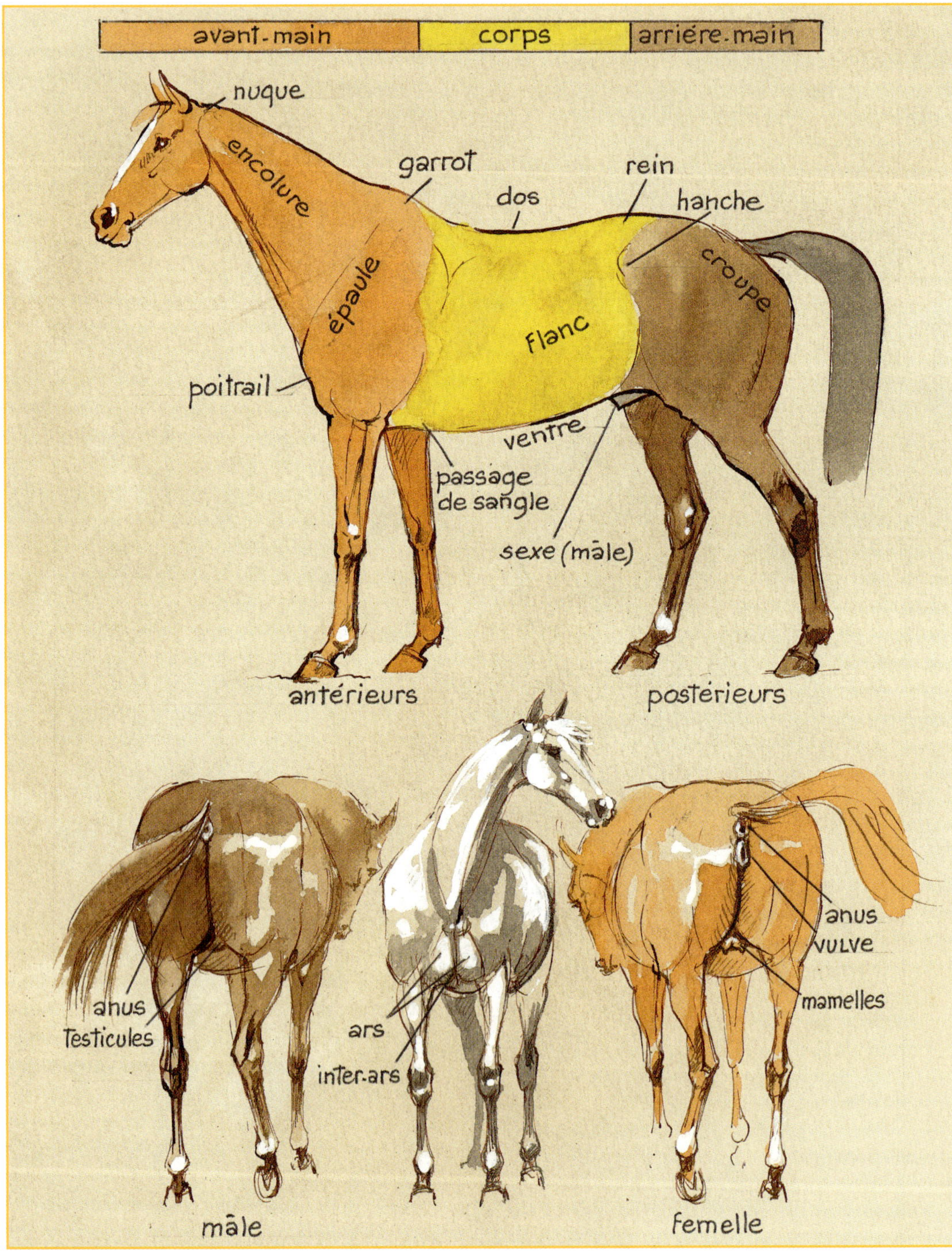

LES ROBES

LES PRINCIPALES ROBES
BAI
poils fauves du marron à rouge
crins et extrémités noirs
ALEZAN
poils et crins d'une même couleur fauve
NOIR
poils et crins noirs
PIE
blanc avec taches fauves ou noires
GRIS
mélange de poils et crins blancs et noirs
poils fauves crins blancs
PALOMINO
SOURIS
poils gris, crins noirs
APALOOSA
robe tachetée

GALOP 1 • Connaissances

NOTIONS DES DIFFÉRENTES ACTIVITÉS ÉQUESTRES

En passant tes galops, tu vas progresser en équitation. Tu pourras ensuite participer à une compétition ou plus simplement monter à cheval pour tes loisirs. Voici les principales disciplines équestres :

• LES DISCIPLINES OLYMPIQUES

Le **concours de saut d'obstacles** (CSO) appelé souvent concours hippique consiste à sauter, dans un temps donné, des obstacles disposés sur un parcours, sans faire tomber les barres.
Le **concours de dressage**, le cavalier effectue aux trois allures un ensemble de figures imposées.
Le **concours complet d'équitation** (CCE) comprend une reprise de dressage, un ou plusieurs parcours de fond (cross) et un parcours de saut d'obstacles.

• AUTRES DISCIPLINES

Le **concours d'attelage** à un, deux ou quatre chevaux comprend une reprise de dressage, un marathon sur obstacles naturels fixes et un parcours de maniabilité.
Dans la **voltige** en ligne droite ou en cercle, le cavalier doit exécuter des figures imposées.
Les **courses d'endurance** se déroulent sur des parcours de 30 à 160 km jalonnés de contrôles vétérinaires.
Le **tourisme équestre** se pratique en randonnée.
Le TREC est un ensemble d'épreuves de « Techniques de Randonnée Équestre de Compétition ».
Les **« pony games »** sont des jeux équestres d'adresse très prisés en Angleterre.
La **monte en amazone** est une équitation féminine qui se pratique avec des selles à fourches.
L'**équitation américaine** comporte de nombreuses disciplines basées sur l'équitation de **travail.**
Le **horse ball** se pratique avec un ballon muni d'anses. C'est une forme de basket-ball à cheval.
Au **polo**, deux équipes frappent une balle en bois afin de l'envoyer dans le but adverse, en suivant des règles précises.

GALOP 1 • Connaissances

RÈGLES ÉLÉMENTAIRES DE SÉCURITÉ

Dans le club, de nombreux incidents ont lieu à l'écurie par négligence des cavaliers.

Voici 7 règles élémentaires à respecter pour éviter la plupart des accidents :

- A cheval, protège ta tête (bombe-casque), tes jambes (bottes ou mini chaps). Ne porte pas de chaussures sans talons, car ton pied peut passer à travers l'étrier.
- N'aborde jamais un cheval sans précautions. Ne le surprends pas et ne passe pas derrière lui car il peut botter ou te bousculer s'il se croit agressé. Lire : comment aborder, page 26.
- En sortant ou en entrant dans un box, ouvre la porte en grand et précède le cheval pour ne pas te faire coincer.
- Méfie-toi des réactions et des querelles des chevaux entre eux, car un sujet docile peut se montrer agressif avec les autres chevaux, particulièrement au moment de la distribution de nourriture.
- A cheval ou à pied, il faut conserver tes distances avec les autres chevaux : arrêter les chevaux l'un à côté de l'autre sur la ligne du milieu du manège. En reprise conserve une distance égale à la longueur d'un cheval avec celui qui te précède.
- En lâchant un cheval en pâture, sois prudent car il peut botter par enthousiasme en reprenant sa liberté.
- Ne chahute pas à proximité des chevaux car ils ont besoin de calme. Signale tout ce qui te semble anormal au moniteur.

PLEINE NATURE

En promenade, tu auras l'occasion de traverser des routes et des villages. Il faut être très prudent et te comporter comme si tu étais en bicyclette par rapport aux véhicules. Respecte le code de la route et méfie-toi des réactions parfois inattendues de ton cheval.

GALOP 1 • Connaissances

LE MATÉRIEL DE PANSAGE ÉLÉMENTAIRE

Lire le chapitre sur le pansage élémentaire page 29. Les instruments employés sont : le cure-pied, l'étrille et le bouchon (brosse).

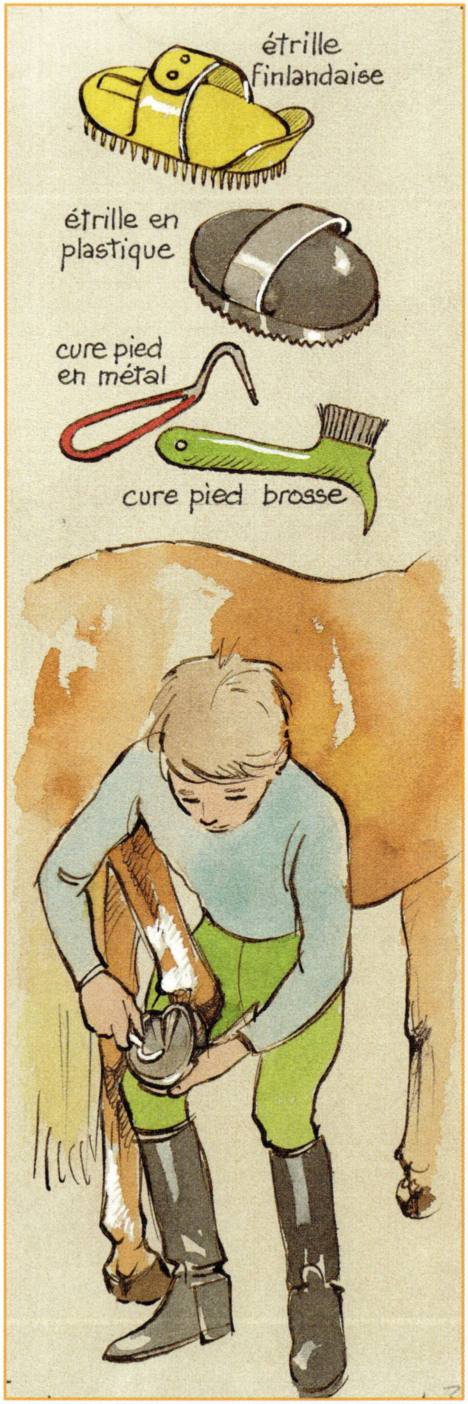

• LE CURE-PIED

Comme son nom l'indique, il sert à enlever tous les corps étrangers accumulés sous les sabots. Il existe des modèles en métal ou en plastique. Le crochet du cure-pied doit être solide sans être pointu, pour ne pas abîmer la sole. Le manche doit permettre de tenir le cure-pied bien en main. Les modèles sont nombreux, certains d'entre eux sont équipés d'une petite brosse qui sert à nettoyer la sole avant de graisser les sabots.

• L'ÉTRILLE

Elle sert à décrotter les parties charnues du cheval. Les modèles en plastique sont les plus courants : étrille crantée et étrille finlandaise. En choisissant une étrille, vérifie que sa taille est bien adaptée à celle de ta main.

• LE BOUCHON (BROSSE)

Il sert à nettoyer le cheval. Les poils du bouchon peuvent être en plastique ou en chiendent naturel (herbe rigide). Avant de se servir d'un bouchon neuf en chiendent, il est conseillé de le laisser tremper dans de l'eau pour assouplir les brins. Pour pouvoir être utilisé correctement, la taille du bouchon doit permettre une bonne prise en main.

PLEINE NATURE

Lorsque tu pars à cheval pour la journée, emporte une brosse et un cure-pieds. À la halte de midi, tu peux brosser ton cheval, ce qui lui est très agréable, surtout s'il a beaucoup transpiré et que son poil est collé après avoir séché. En curant les pieds, vérifie que les fers tiennent correctement.

LE MATÉRIEL DE PANSAGE ÉLÉMENTAIRE

• CAISSE OU SAC DE PANSAGE

Le matériel de pansage est mis dans un sac de pansage ou dans une caisse qui peut être transportée facilement. Il est possible de monter sur une caisse fermée pour accéder aux parties hautes du cheval.

PLEINE NATURE

En randonnée un bouchon, une étrille et un cure-pied sont suffisants pour panser le cheval sans encombrer les sacoches. Il est préférable d'individualiser les instruments de pansage, pour éviter la transmission d'affections contagieuses.

GALOP 1 • Topo orientation

GÉNÉRALITÉS SUR LA TERRE

Jadis, on croyait que la terre était plate comme un disque, placé au centre de l'univers.
On a ensuite découvert qu'elle a la forme d'une boule presque ronde.

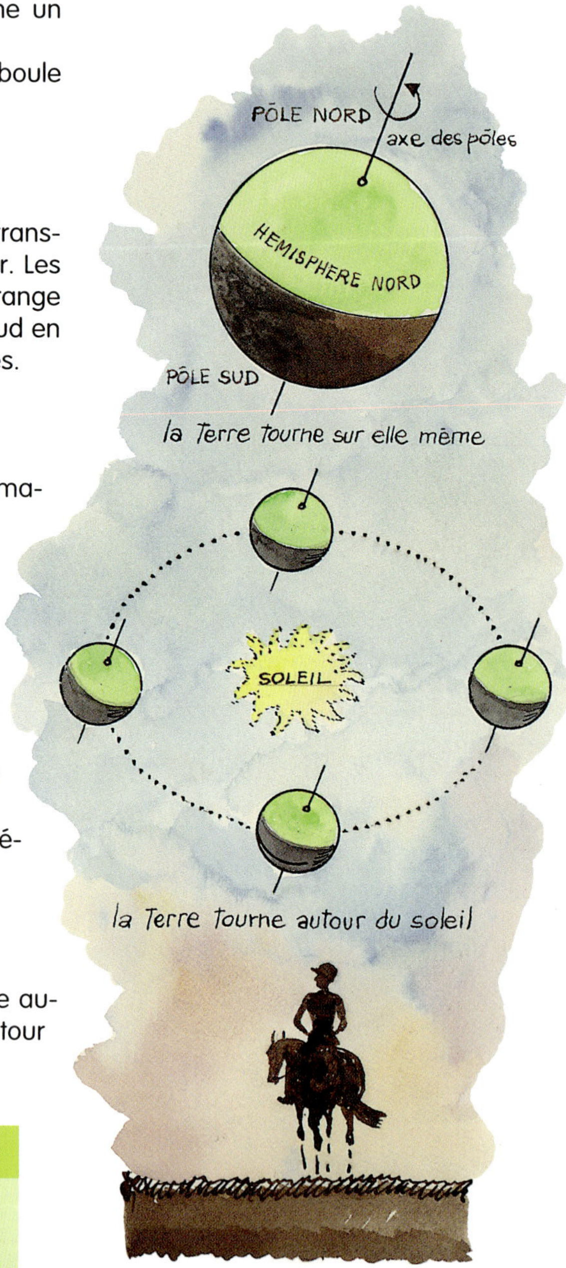

• LES PÔLES

Imaginons que la terre est une orange que l'on transperce de part en part avec une aiguille à tricoter. Les deux endroits où l'aiguille traverse la peau de l'orange sont les PÔLES : le pôle nord en haut et le pôle sud en bas. L'aiguille à tricoter représente l'axe des pôles.

• L'ÉQUATEUR

À égale distance des pôles, se trouve une ligne imaginaire qui fait le tour de la terre : l'équateur.
Il partage le globe terrestre en deux hémisphères : l'hémisphère nord et l'hémisphère sud

• ELLE TOURNE SUR ELLE-MÊME

Reprenons l'image de l'orange et faisons tourner l'aiguille entre les doigts. C'est le mouvement de la terre qui fait un tour complet sur elle-même en une journée.
Heureusement qu'elle tourne, sinon certaines régions ne verraient jamais les rayons du soleil !

• ELLE TOURNE AUTOUR DU SOLEIL

En plus de tourner sur elle-même, la terre tourne autour du soleil. Elle met une année, pour faire un tour complet !

PLEINE NATURE

Le tour de la terre mesure environ 40 000 km, soit 40 fois plus, que la France. La terre n'est pas vraiment sphérique, mais légèrement aplatie aux pôles. Elle est tellement grande, que les plus hauts sommets du monde, ne sont représentés que par de minuscules bosses, par rapport à sa taille !

LA CARTE

• QU'EST CE QU'UNE CARTE ?

La carte est une image réduite d'une partie de terrain ; comme si on la voyait depuis un avion.
Une carte de mêmes dimensions peut représenter un continent complet, un pays ou seulement une petite partie de terrain, ce qui permet alors de représenter plus de détails.

• À QUOI SERT UNE CARTE ?

Celui qui sait utiliser une carte est capable de retrouver son chemin partout. Une carte permet en effet à un randonneur, de se situer et de suivre un itinéraire. On peut utiliser une carte topographique pour savoir où sont les montées, les descentes, les forêts, les points d'eau, les villages avec leurs noms, les chemins, etc. C'est une mine de renseignements !

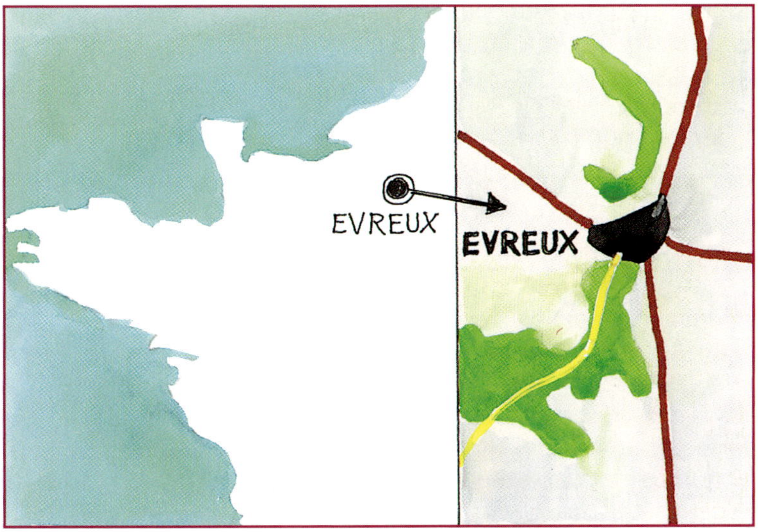

GALOP 1 • Connaissances du milieu

SENSIBILISATION AU MILIEU NATUREL (FAUNE, FLORE)

Du haut de ton cheval, il y a mille choses à découvrir dans la nature. Profite des longues heures passées en selle, pour observer tout ce qui t'entoure. À partir du Galop 2, tu apprendras à reconnaître les principaux animaux, plantes et arbres que tu peux rencontrer dans la nature et qui composent la faune (animaux) et la flore (arbres et plantes). Suivant les régions, on ne trouve pas les mêmes plantes et les mêmes animaux. Certains ont besoin de chaleur, d'autres préfèrent la montagne d'autres encore se trouvent plutôt au bord de la mer etc.

En campagne et en forêt

• EN CAMPAGNE ET EN FORÊT

La forêt est le refuge de nombreux animaux mais ils sont très méfiants et ne sortent que rarement des bois. Avec un peu de chance, au détour d'un chemin, tu peux voir des cerfs, des biches, des chevreuils et même des sangliers. Quant aux arbres de la forêt, ils sont très variés. Certains ont des feuilles (chêne, hêtre, bouleau, etc.), d'autres des aiguilles (sapin, épicéa, etc.).

En montagne

• EN MONTAGNE, seuls les mélèzes par exemple poussent en haute altitude. Plus haut, les arbres ne poussent plus. Par contre de magnifiques petites fleurs décorent la nature. Elles ont des tiges courtes, pour mieux résister au froid. La montagne est le domaine des oiseaux de proie mais aussi des chamois ou isards, des sympathiques marmottes, etc.

Au bord de mer

• AU BORD DE MER, les arbres poussent mal à cause du vent, mais tu peux observer de nombreux oiseaux de mer comme les mouettes et des quantités de lapins dans les dunes. Attention aux terriers où les chevaux se tordent les pieds ! Lorsque tu montes à cheval, sois curieux et observe autour de toi. Pose des questions à ton guide et progressivement, tu apprendras à reconnaître les arbres, les plantes, les oiseaux et les autres animaux que tu peux rencontrer.

PARCOURS DE L'ÉDITION OFFICIELLE 2001

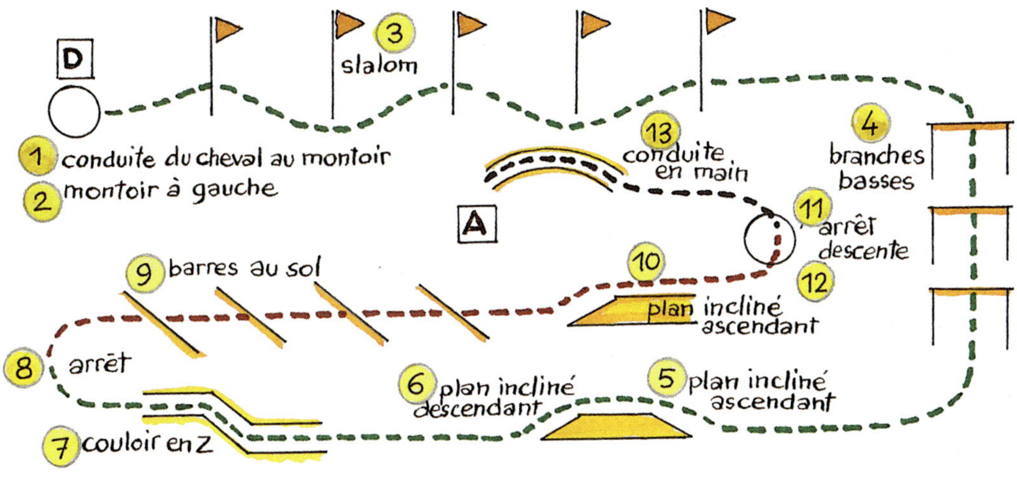

Allures
Noir = en main
Vert = pas
Rouge = trot
Bleu = galop

PÉNALITÉS (voir aussi page 1)

- ✖ Changement d'allure
- ✖ Refus
- ✖ Barre ou branche tombée
- ✖ Touché de barre
- ✖ Toute erreur de parcours non rectifiée
- ✖ Toute brutalité et attitude dangereuse pour le cavalier, le cheval ou l'environnement entraîne l'élimination

Notation : total minimum exigé pour l'obtention du Galop 12/13

GALOP 1 • Pratique

GRILLE DE NOTATION

Allure	N°	Difficultés	note 1 ou 2	Dessin	Points essentiels
En main	1	Conduite du cheval au montoir			Ne pas se laisser dépasser par le cheval. Arrêter le cheval droit.
	2	Montoir à gauche avec avantage (environ 0,50 m)			Le cheval doit rester calme et immobile au montoir. Mise en selle souple.
Pas	3	Slalom de 5 piquets (intervalle 6 m)			Fluidité dans les inversions de courbes. Ne pas toucher les piquets mais ne pas trop s'en écarter.
	4	Branches basses : 3, placées en ligne droite, intervalle de 1 m, 0,50 m au-dessus du garrot			Ne pas faire tomber de barre. Progression régulière dans le calme en restant au pas.
	5	Plan incliné ascendant (30° sur 3 m minimum)			Progression régulière, cheval maintenu dans l'axe de la pente. Cavalier vertical au-dessus des appuis. Assiette légère.
	6	Plan incliné descendant (30° sur 3 m minimum)			Progression régulière, cheval maintenu dans l'axe de la pente. Cavalier vertical au-dessus des appuis. Assiette légère.
	7	Couloir en Z (angle 120°, largeur 1 m)		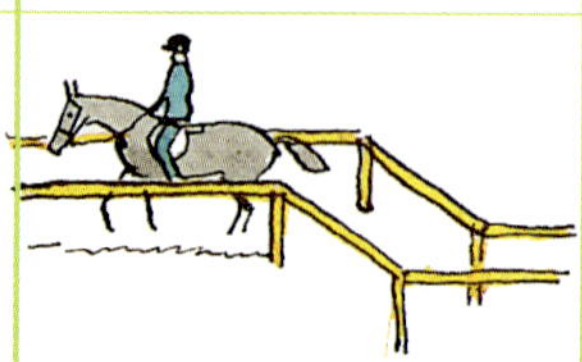	Cheval maintenu au pas au milieu du couloir. Actions de main discrètes.

GALOP 1 • Pratique

GRILLE DE NOTATION

Allure	N°	Difficultés	note 1 ou 2	Dessin	Points essentiels
PAS	8	Arrêt			Arrêt droit, cheval immobile et calme.
TROT	9	Passage sur 4 barres au sol (front 4 m, écartement 1 foulée)			Ne pas gêner le cheval qui franchit les barres. Conduire le cheval droit, dans l'axe des barres
	10	Plan incliné ascendant (30° sur 3 m minimum)			Progression régulière en conservant le trot dans l'axe de la pente. Cavalier vertical au-dessus des appuis. Assiette légère.
PAS	11	Arrêt			Arrêt droit, cheval immobile
	12	Descente			Mettre pied à terre souplement, sans gêner le cheval qui doit rester immobile.
EN MAIN	13	Conduite du cheval en main, dans un couloir en arc de cercle, longueur 6 m, largeur 2 m.			Cheval qui suit le cavalier, sans chercher à le dépasser. Le cheval doit rester dans le couloir.
		TOTAL			

AU PAS ••• STABILISER SON ÉQUILIBRE ASSIS

Après avoir effectué un pansage complet, bridé et sellé (s'il y a une selle) sa monture, ÊTRE CAPABLE de se déplacer aux trois allures.

Pour être capable de stabiliser ton équilibre, tu dois savoir régler les étriers et ressangler la selle afin d'éviter qu'elle tourne. Deux conditions qu'il faut savoir assurer tout seul, en étant à cheval.

• RÉGLER SES ÉTRIERS EN ÉTANT À CHEVAL

Lorsque le cheval est arrêté :
Dégage la boucle de l'étrivière.

- Modifie sa longueur en comptant le nombre de trous.
- Pour ramener la boucle sous le petit quartier, fais coulisser l'étrivière en tirant sur la partie qui est en contact avec le cheval.
- Chausse l'étrier et fais de même avec l'autre étrivière, en décalant la boucle du même nombre de trous.

Pour juger si les étrivières ont la même longueur, avance de quelques pas car, à l'arrêt, les hanches du cheval ne sont pas toujours à la même hauteur. En position normale, le plancher de l'étrier déchaussé doit arriver sensiblement à la hauteur de la cheville.

• RESSANGLER EN ÉTANT À CHEVAL

Voici comment procéder :

- Arrête le cheval, garde les rênes ajustées dans la main droite, et avance la jambe gauche.
- Avec la main gauche, tire l'un après l'autre sur les contre-sanglons en te servant de l'index de cette main pour engager l'ardillon de la boucle dans le trou du contre-sanglon.

Il est parfois nécessaire de ressangler également à droite ; si la sangle est bouclée aux derniers trous à gauche.

AU PAS ••• STABILISER SON ÉQUILIBRE ASSIS

cheval en mouvement, entraine-toi à chausser et déchausser tes étriers

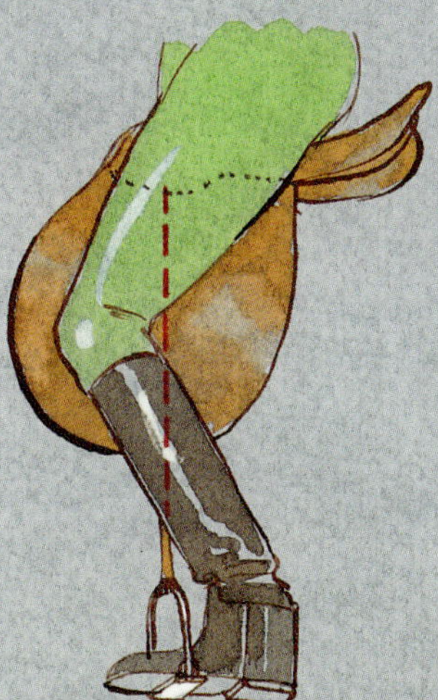

si ta jambe est bien placée, l'étrivière est verticale et tu ne vois pas la pointe de ton pied. elle est cachée par ton genou.

• EXERCICES DE STABILITÉ

Des exercices d'assouplissement permettent de décontracter les différentes parties du corps et améliorent ainsi la stabilité à cheval.
Ton moniteur te fera également participer à des jeux d'adresse, qui visent les mêmes buts.
Lorsque tu es assis en selle et que le cheval avance, les étriers t'aident à maintenir ton équilibre.

• CHAUSSER ET DÉCHAUSSER LES ÉTRIERS

Lorsque le cheval est en mouvement, il peut t'arriver de perdre un étrier. Il faut alors savoir le rechausser tout en marchant, pour ne pas déranger la reprise.
Voici comment procéder :

- L'étrier libre a tendance à se balancer.

Commence à le stabiliser en avant de ton pied.

- Lève alors la pointe du pied, et dirige-la en direction du cheval. Lorsque la pointe de ton pied pénètre dans l'étrier, baisse-la pour que ta semelle prenne appui contre le plancher de l'étrier.
- Il te reste à corriger la position de tes pieds : étriers chaussés un peu plus que la pointe du pied, talons bas.

PLEINE NATURE

À l'extérieur, tu dois être capable de rechausser rapidement un étrier perdu. Lorsque tu marches à côté de ton cheval, remonte les étriers ou croise-les sur la selle. Tu évites ainsi qu'ils ne battent contre les flancs du cheval ou qu'ils restent accrochés quelque part.

AU PAS ••• CHANGER D'ALLURE À VOLONTÉ

Lorsque ton cheval est au pas, il faut entretenir l'allure en agissant avec les jambes dès que l'impulsion faiblit. Il augmente sa vitesse en allongeant le pas. En passant à l'allure supérieure le cheval profite parfois du manque d'assurance du cavalier pour quitter la piste et venir au milieu.
En raccourcissant un peu la rêne extérieure (côté mur), tu l'incites à rester sur la piste.

• PASSER À L'ALLURE SUPÉRIEURE

En agissant avec les jambes par pressions successives, tu commandes au cheval de passer à l'allure supérieure. Pour amortir les secousses du trot, mets-toi tout de suite au trot enlevé.
En agissant à nouveau avec les jambes, le cheval allonge son trot et passe normalement au galop. Il se met plus facilement au galop à l'abord d'un tournant.
En préparant le galop 3 tu appendras à disposer tes aides pour déclencher le départ au galop à un moment précis. Tu apprendras aussi plus tard à partir au galop directement du pas, et même de l'arrêt.

• REPASSER À L'ALLURE INFÉRIEURE

Pour repasser à l'allure inférieure ajuste tes rênes puis :

- Redresse ton buste.
- Soutiens les poignets en fermant progressivement les doigts sur les rênes, sans aucune action brusque.

Les jambes sont restées au contact, le cheval ralentit et passe à l'allure inférieure.

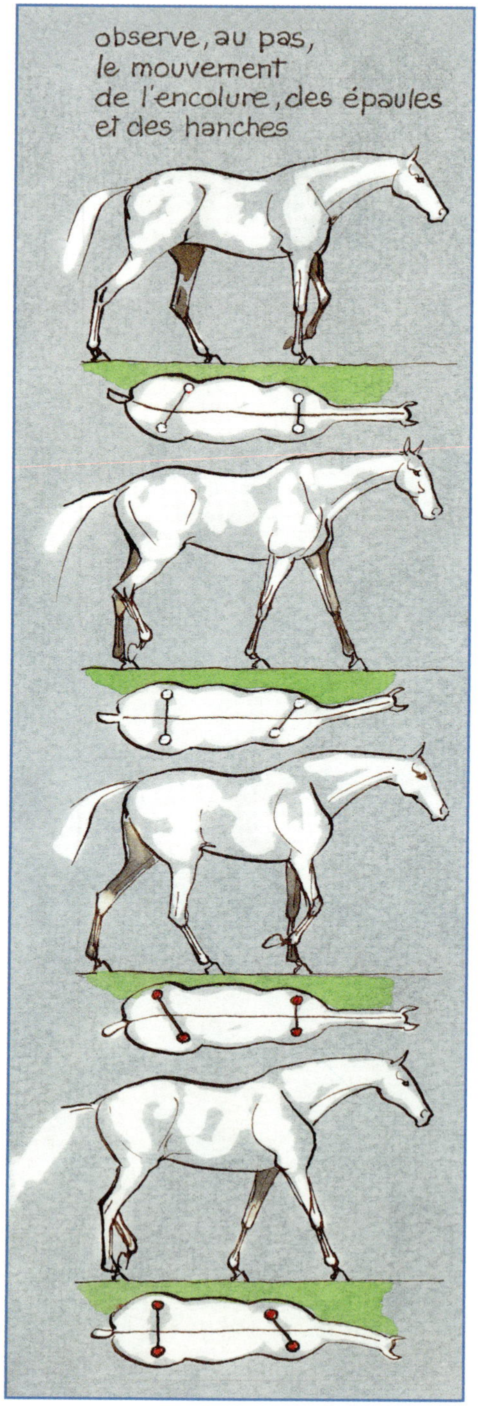

PLEINE NATURE

En équitation américaine, les chevaux sont montés avec les rênes très longues et se laissent pourtant parfaitement conduire avec précision. À l'extérieur, laisse l'encolure de ton cheval libre, car il s'en sert comme balancier pour conserver son équilibre.

AU PAS ••• CONDUIRE SUR DES COURBES SERRÉES

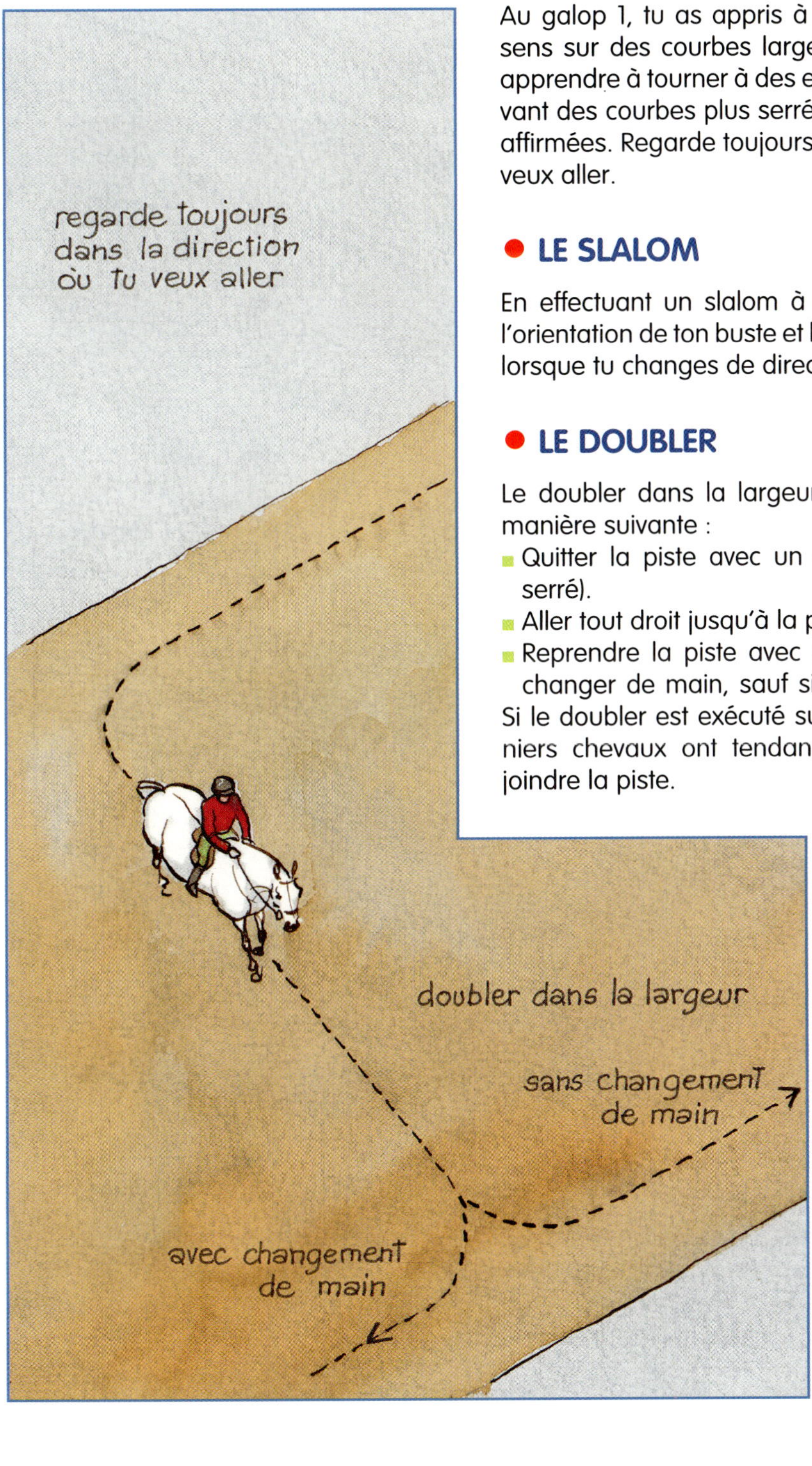

Au galop 1, tu as appris à tourner dans les deux sens sur des courbes larges. Tu dois maintenant apprendre à tourner à des endroits précis et en suivant des courbes plus serrées avec des aides plus affirmées. Regarde toujours dans la direction où tu veux aller.

• LE SLALOM

En effectuant un slalom à cheval, il faut inverser l'orientation de ton buste et les actions de tes mains lorsque tu changes de direction.

• LE DOUBLER

Le doubler dans la largeur se décompose de la manière suivante :

- Quitter la piste avec un quart de tour (tourner serré).
- Aller tout droit jusqu'à la piste opposée.
- Reprendre la piste avec un tourner serré, sans changer de main, sauf si cela t'est commandé.

Si le doubler est exécuté successivement, les derniers chevaux ont tendance à couper pour rejoindre la piste.

PLEINE NATURE

Même si le cheval est relativement libre à l'extérieur, tu dois pouvoir le conduire avec précision ; dans les passages difficiles par exemple.

AU TROT ••• RECHERCHER SON ÉQUILIBRE

Au trot, le cheval se projette vers le haut par saccades. Ces mouvements sont inconfortables pour le cavalier, surtout lorsque le cheval allonge le trot. Le trot enlevé, te permet d'éviter ces saccades en te dégageant de la selle au rythme de l'allure. C'est au trot enlevé que tu pourras faire de longs trottings, sans te fatiguer ni faire souffrir le dos du cheval. Pour te préparer au trot enlevé, tu dois savoir te dégager de la selle, en te mettant en équilibre au-dessus de tes pieds. Pour y parvenir, incline légèrement le buste en avant sans arrondir le dos, comme tu l'as déjà appris. Fais bien attention à ne pas laisser tes jambes avancer, et conserve les talons bas. Tu dois absolument éviter de « rester accroché aux rênes », ce qui ferait souffrir la bouche du cheval. Pour conserver ton équilibre au début, tu peux prendre légèrement appui avec les mains au niveau du garrot, ou tenir une grosse poignée de crins. N'aie pas peur de faire souffrir le cheval en tirant sur ses crins, car contrairement à nos cheveux, ils sont insensibles.
Tu dois pouvoir te lever et te rasseoir souplement, sans retomber lourdement dans la selle. Tu te prépares ainsi au trot enlevé, qui est une allure très utilisée à l'extérieur.

Ne regarde pas par terre, ne fais pas le dos rond…

… pas de fesses en l'air, ne soit pas « perché »…

… mais bien au-dessus de tes pieds, sans retomber dans ta selle si le cheval accélère.

PLEINE NATURE

Pour fatiguer le moins possible le dos de leur cheval, certains cavaliers d'endurance restent constamment en suspension pendant les longues courses Entraîne-toi au trot sur terrain plat, mais également dans de faibles déclivités. Tu travailles ainsi ton équilibre.

• RECHERCHER SON ÉQUILIBRE AU TROT ENLEVÉ

Rappelons qu'au trot enlevé, tu évites une réaction sur deux en te soulevant légèrement au-dessus de la selle, en rythme avec le trot. Pour pouvoir te soulever facilement, incline légèrement le buste vers l'avant, sans arrondir ton dos.
En observant le mouvement des antérieurs, tu peux repérer celui qui se pose au moment où tu reprends le contact avec le fond de la selle.
Si le cheval pose son antérieur droit lorsque tu reprends le fond de la selle, on dit que tu trottes à droite ; et inversement. Plus tard, tu apprendras ce que veut dire « trotter enlevé sur le diagonal désiré ».
Au trot enlevé, reste le moins possible dans le fond de la selle, pour « trotter léger ».

• STABILISER SON ÉQUILIBRE SUR LES ÉTRIERS

Pour t'entraîner à rester souplement en suspension au-dessus de tes étriers pendant plusieurs foulées, tu peux prendre appui avec les mains légèrement en avant du garrot. Dans cette position, tu peux franchir tes premiers obstacles au trot.
Lorsque tu es stable, tes talons sont « bien descendus » et tu sens ton poids appuyer sur tes talons.

PLEINE NATURE

Pour allonger le trot lorsque tu es au trot enlevé, « referme » les jambes lorsque tu reprends le fond de la selle. Et lorsque tu es en équilibre sur tes étriers, prends garde de ne pas te raccrocher aux rênes en tirant sur la bouche de ton cheval. Dans les passages difficiles, tu peux conserver ton équilibre en tenant une grosse poignée de crins.

GALOP 2 • Équitation

AU TROT ••• TROTTER ENLEVÉ EN RYTHME

Le trot enlevé est utilisé par le cavalier afin d'éviter les secousses du trot. Le cheval trotte en deux temps. Prends la position en équilibre puis :

- Profite d'un temps de trot pour te laisser soulever légèrement hors de la selle.
- Le temps suivant, rassieds-toi, et ainsi de suite.

Tout en trottant, accorde-toi sur le rythme du cheval en « t'enlevant » un temps sur deux.
Lorsque tu as bien pris le rythme, efforce-toi de te soulever le moins possible au-dessus des étriers. En reprenant avec légèreté le fond de la selle, assieds-toi le plus en avant possible de celle-ci.
En préparant le galop 3, tu apprendras dans quel ordre le cheval pose ses pieds au trot, et comment t'accorder sur les mouvements des membres.
Le trot enlevé est très confortable et peut être maintenu longtemps sans fatigue ; en promenade par exemple.

assis

EN PRATIQUE

Pour débuter au trot enlevé, n'hésite pas à « compter dans ta tête » un, deux, un, deux, etc. en rythme avec le trot du cheval. Pour favoriser ton équilibre, saisis une poignée de crins dans la main intérieure (vers le centre du manège). Maintiens le cheval sur la piste le long du mur, en raccourcissant un peu plus la rêne extérieure (côté mur).

debout

PLEINE NATURE

À l'extérieur, pense à changer régulièrement de diagonal lorsque tu trottes enlevé. Même si le cheval est plus à l'aise sur un côté que sur l'autre.

Ne te raccroche pas aux rênes, ne retombe pas brutalement dans ta selle

AU TROT ••• CHANGER D'ALLURE À VOLONTÉ

Tu dois être capable de changer d'allure individuellement. Voici quelques conseils pour changer d'allure à partir du trot :

• EN REPASSANT AU PAS

- En ralentissant trop brusquement à partir du trot enlevé, tu es rejeté vers l'avant. Il est donc préférable de te mettre au trot assis quelques foulées, avant de repasser au pas.
- N'agis pas brusquement avec tes mains car le cheval en souffre et secoue généralement la tête.
- Ne te penche pas en avant mais au contraire, redresse ton buste en soutenant tes poignets.

• EN PASSANT AU GALOP

Au chapitre suivant, figurent quelques explications qui te permettent de partir au galop à l'endroit où tu le désires. Voici quelques erreurs à éviter lorsque tu passes au galop à partir du trot :

- Ne laisse pas ton cheval accélérer car un cheval qui « se cale » dans un trot allongé, rechigne généralement à se mettre au galop, part en désordre et manque d'équilibre.
- En passant au galop, le cheval a tendance à chercher à échapper à ton autorité en accélérant ou en quittant la piste. Pour l'inciter à rester sur la piste, raccourcis légèrement la rêne extérieure (côté mur).
- Dès que le cheval est au galop, accompagne le mouvement de son dos avec ton bassin. N'agite pas tes mains, mais accompagne les mouvements de son encolure.

PLEINE NATURE

Dans les tournants serrés, le cheval a tendance à ralentir. Il faut donc entretenir son impulsion avec les jambes. Il tourne plus facilement s'il est incurvé dans le sens du tournant.

AU TROT ••• CONDUIRE SUR DES COURBES LARGES

Comme pour le pas, les actions de tes aides doivent être précises. Les à-coups avec les mains rendent la conduite imprécise et gênent le cheval. Évite d'agiter tes mains. En tournant à droite par exemple, le seul fait de mettre les ongles de la main droite vers le haut, et de regarder dans la direction où tu veux aller, préviens le cheval de ton intention de tourner.

PLEINE NATURE

À l'extérieur, inutile d'ajuster constamment tes rênes. Au pas, tu peux laisser les rênes relativement longues, ce qui donne de la liberté au cheval. Les rênes sont généralement tenues dans une seule main, ce qui permet de garder l'autre main libre. À pieds, losque tu mènes ton cheval à la longe, pense à coincer les rênes sous les étrivières pour qu'elles restent en place.

AU GALOP ••• RECHERCHER SON ÉQUILIBRE

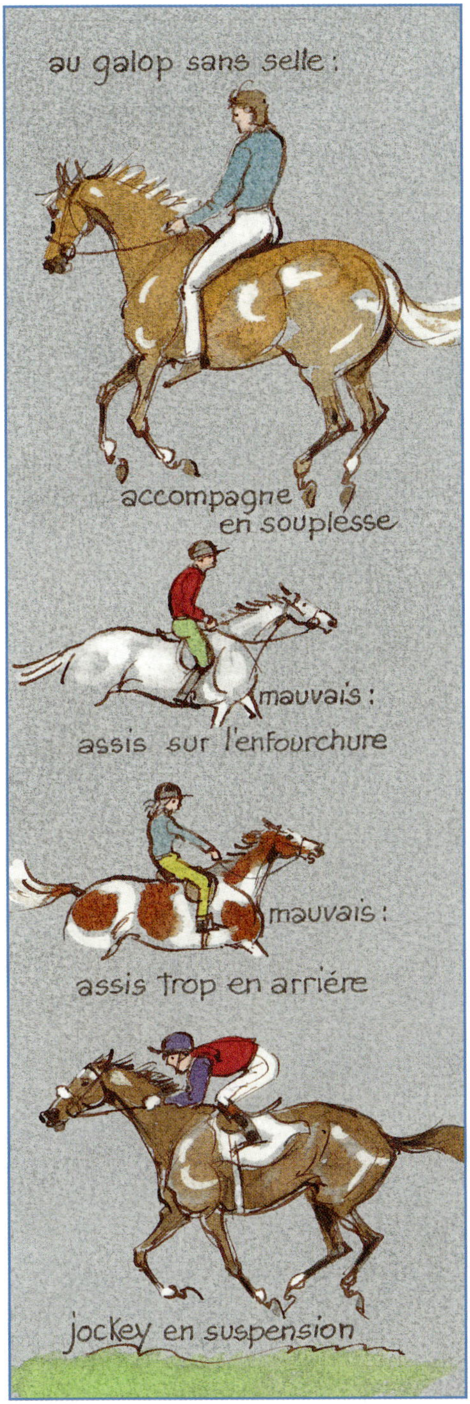

Tu peux galoper en restant assis dans la selle, ou en te mettant en équilibre sur les étriers.

- En dressage, le cavalier reste assis dans la selle, les jambes « enveloppantes », pour conserver un bon contact avec le cheval.
- Au galop rapide ou pour sauter, il est préférable de se mettre en équilibre sur les étriers.

Tout en restant au galop, le cavalier doit être capable de passer souplement de la position assise à la position en équilibre.

• RECHERCHER SON ÉQUILIBRE SUR LES ÉTRIERS

Au galop rapide, il est difficile de suivre les mouvements du dos du cheval. Le cavalier se met alors en équilibre sur les étriers en soulevant légèrement les fesses hors de la selle tout en conservant le dos plat, peu penché en avant. Les mains peuvent prendre appui sur l'encolure, les jambes restent en place, sans avancer. Pour monter en équilibre au-dessus des étriers il est nécessaire de raccourcir légèrement les étrivières.

• DÉCOUVRIR SON ÉQUILIBRE ASSIS

Pour rester assis au galop, tu dois :

- accompagner les mouvements du cheval avec ton dos,
- garder le buste d'aplomb,
- laisser ton bassin s'articuler en gardant le rein souple et les jambes fixes,
- rechercher ton équilibre sans te raccrocher avec tes jambes,
- t'efforcer de suivre le balancement de l'encolure avec tes bras, sans agiter les mains.

GALOP 2 • Équitation

AU GALOP ••• CHANGER, MAINTENIR L'ALLURE

• CHANGER D'ALLURE À VOLONTÉ

En préparant le galop 3 tu appendras à « disposer tes aides, pour déclencher le galop » à un moment précis.
Pour repasser au trot à partir du galop, il faut commencer par ralentir le galop.
Redresse ton buste, recule les épaules, et soutiens tes poignets sur des rênes ajustées pour remettre le cheval au trot.
Le fait de « freiner avec son dos », incite le cheval à passer à l'allure inférieure.
Dès que le cheval trotte, mets-toi au trot enlevé car le trot rapide est inconfortable. Continue à agir avec tes mains pour ralentir le trot.
Tu peux ensuite te mettre au trot assis, si tu désires passer à l'allure inférieure.
Lorsque tu es à l'allure et à la vitesse désirées, relâche légèrement la tension des rênes.
À ton niveau, tu dois pouvoir passer d'une allure à l'autre, lorsque le moniteur te le commande.

• MAINTENIR LE GALOP

Au galop, le cheval a parfois tendance à accélérer et à chercher à te désobéir.
Tu dois penser à le maintenir sur la piste en raccourcissant légèrement la rêne extérieure.
Règle son allure en suivant avec les deux mains, les mouvements de son encolure tout en gardant les rênes tendues. Tes jambes restent vigilantes.
Entretiens le galop en agissant avec les jambes si le cheval ralentit. Il faut surtout éviter qu'il repasse au trot, sans que tu le lui demandes.

PLEINE NATURE

Observe un cheval qui galope. Il a tendance à se « traverser » en mettant ses hanches légèrement de côté. S'il repasse au trot, relance-le avec tes jambes, pour le remettre au galop, car le trot allongé n'est pas très confortable.

NOTION DE SAUT SUR CAVALETTI

Les cavaletti sont des obstacles qui peuvent être déplacés, et qui n'excèdent pas 50 cm de haut. Le cavaletti est généralement disposé sur la piste, pour éviter que le cheval dérobe. Il est abordé au milieu et perpendiculairement.

Pour conserver la position en équilibre pendant le saut, il faut :

- Régler les étriers suffisamment courts ; rester en équilibre « au-dessus de ses pieds », étriers chaussés au tiers du pied, talons bas ; incliner le buste en avant rênes ajustées, mains basses avec un éventuel appui sur l'encolure.
- Regarder loin.
- Rester souple pour amortir les sauts. Pour ne pas rester accroché aux rênes, tu peux tenir une poignée de crins suffisamment en avant.

ÉQUILIBRE EN TERRAIN VARIÉ

À l'extérieur, pour éviter de fatiguer ton cheval et toi-même, trotte enlevé, et galope en équilibre.

En montée : au pas, reste en équilibre en te penchant en avant pour soulager le dos du cheval, tout en lui laissant une grande liberté d'encolure. Tu peux t'aider en tenant une poignée de crins.

En descente : Au pas, bien calé dans ta selle, garde le buste vertical et ne laisse pas le cheval accélérer.

Difficultés diverses : En traversant un terrain glissant ou profond, le cheval a particulièrement besoin du libre jeu de son encolure. Il peut avoir des réactions vives ; pour se dégager d'un terrain profond par exemple.

PLEINE NATURE

À l'extérieur, tu peux être amené à sauter des obstacles, comme un tronc ou un fossé qui barre le chemin. Ne saute jamais un obstacle si tu n'es pas certain que la réception est bonne.

CONSERVER L'ALLURE À L'ABORD D'UN CAVALETTI

En abordant un obstacle, conserve l'allure indiquée : trot ou galop. Si ton cheval semble hésiter, agis vivement avec tes jambes pour éviter qu'il refuse de sauter. Ne le laisse pas « prendre la main » et accélérer, car il te désobéit et cela nuit à son équilibre. Le cheval doit se sentir canalisé entre les rênes pour ne pas dérober. Si tu as une cravache, tiens-la du côté intérieur lorsque l'obstacle est disposé contre le mur du manège.

CONSERVER L'ALLURE EN TERRAIN VARIÉ

Montées et descentes se font généralement au pas et même à pied si elles sont trop éprouvantes pour le cheval.

Dans un groupe, prends la même allure que la personne qui dirige la promenade. Au trot et surtout au galop, ton cheval ne doit pas « prendre la main » en accélérant.

Après un effort important (montée), il faut laisser souffler le cheval.

Les règles élémentaires à connaître à l'extérieur : Au niveau galop 2, tu dois être accompagné pour sortir à cheval. Voici quelques précautions à suivre, car ton accompagnateur ne peut pas tout voir :

- Suis le cavalier qui te précède sans changer de place et en conservant tes distances.
- Sur le chemin du retour, la plupart des chevaux ont tendance à accélérer.

PLEINE NATURE

Quelle que soit l'utilisation du cheval, il faut penser à équilibrer son travail et lui laisser le temps de récupérer après un effort. Pense également à son moral, et remercie-le chaque fois qu'il te donne satisfaction. Il est très sensible au son de ta voix et à tes caresses.

TERRAIN VARIÉ ••• CONSERVER L'ALLURE

Lorsque tu randonnes en groupe :

- Fais passer les consignes qui te sont données : voiture, branche, trou…
- Mentionne au moniteur les éventuels incidents : coup de pied, comportement anormal du cheval…
- Ne lâche jamais tes rênes et reste attentif car à l'extérieur, le cheval peut avoir des réactions inattendues.
- Montre-toi courtois envers les personnes rencontrées.

EFFECTUER UN PANSAGE COMPLET

Pour réussir le Galop 2, tu dois savoir effectuer un pansage complet. Ce chapitre complète le « pansage élémentaire » étudié au galop 1.
Rappelons qu'un pansage complet nettoie le cheval pour le rendre présentable. C'est un massage agréable qui nettoie les pores de la peau et favorise ainsi son hygiène. C'est l'occasion de passer le cheval en revue. De plus, le pansage est un excellent moyen d'apprendre à se connaître mutuellement avant de se mettre en selle. Le pansage, c'est la toilette quotidienne du cheval. Suivant qu'il sort de pâture avec un poil d'hiver très sale ou qu'il est hébergé dans un box propre, le pansage est plus ou moins approfondi. Tu vas intervenir sur : les pieds, les poils qui recouvrent son corps et sur les crins. Voici l'ordre de pansage :

• CURER LES PIEDS

Pour ne pas salir la cour du club, les pieds sont curés dans le box. On cure les pieds avant et après le travail pour quatre raisons :

- Nettoyer le fond des lacunes (deux trous allongés formant un V) et la sole.
- Enlever un éventuel caillou coincé sous le sabot.
- Vérifier le bon état de la ferrure.
- Vérifier que le pied n'est pas blessé.

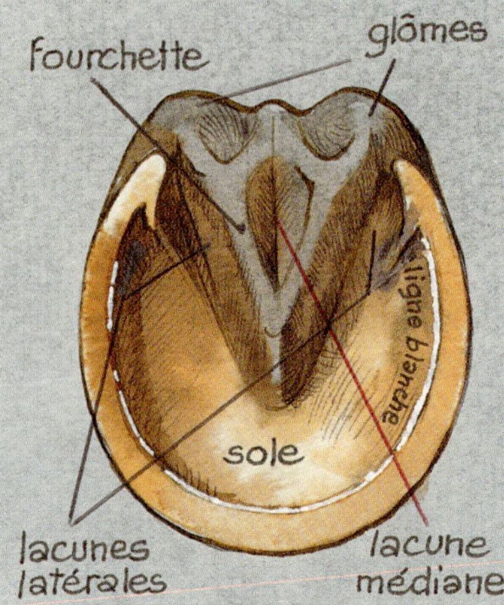

• NETTOYER LES POILS

On commence habituellement par passer l'étrille et ensuite le bouchon du côté gauche de l'encolure, puis sur le corps et enfin sur les membres avant de passer de l'autre côté. La tête est généralement brossée à la fin en faisant attention aux yeux.
Il faut ensuite passer la brosse douce dont les poils serrés enlèvent la poussière et les pellicules de peau morte à la racine des poils. Voici comment procéder :

- Un coup à rebrousse poils, pour sortir la poussière sous le poil.
- Un coup dans le sens du poil pour ramener la poussière dans la brosse.

EFFECTUER UN PANSAGE COMPLET

- Passer ensuite la brosse sur l'étrille pour la débarrasser des poussières.
- Taper de temps en temps l'étrille par terre pour vider les poussières.

• BROSSER LES CRINS

- **La crinière** : démêle soigneusement la crinière avec le bouchon ou l'étrille finlandaise. Agis brin par brin, en mettant tous les crins du même côté et n'oublie pas de brosser le toupet. Ne te sers pas du peigne pour démêler la crinière car tu risques de casser les poils. Tu peux mouiller le bouchon pour peigner la crinière lorsque les crins sont démêlés.
- **La queue** : pour démêler la queue, soulève-la avec la main gauche et brosse les brins que tu lâches l'un après l'autre. Tu peux commencer par laver la queue dans un seau d'eau si elle est salie par de la boue.

• LA FINITION

Il faut aussi laver avec une éponge et de l'eau claire : les coins des yeux, les naseaux, la bouche le haut de la queue, l'anus, la vulve ou le fourreau. À l'aide d'un torchon doux nommé époussette, tu peux encore lustrer les poils pour enlever toute trace de poussière.
La robe de ton cheval brille alors de mille feux.

TABLEAU RÉCAPITULATIF

ORDRE	NOM	DESSIN	ACTION	COMMENT PROCÉDER
Au début ou à la fin du pansage	**Cure-pied**	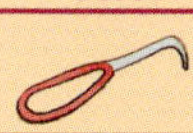	Dégage les lacunes et la sole	Gratter doucement pour ne pas abîmer la sole
2	**Étrille**		Décrotte les parties charnues	Passer avec des mouvements circulaires
3	**Bouchon**	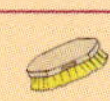	Nettoie l'ensemble des poils	Frotter énergiquement
4	**Brosse douce**		Extirpe les poussières sous les poils	Frotter dans les deux sens du poil, pour nettoyer « en profondeur »
5	**Éponge humide**		Lave la sueur et les saletés	Par mesure d'hygiène, conserver l'ordre cité plus haut.
6	**Époussette**		Lustre les poils	Passer l'époussette sèche dans le sens du poil pour le lustrer.

BRIDER, SELLER

Faut-il mettre d'abord la selle ou le filet ?
Cela dépend de l'endroit où le cheval se trouve :

- S'il est en box, mets-lui le filet d'abord, pour pouvoir le maintenir pendant que tu le selles.
- S'il est attaché, il est préférable de le seller d'abord et de ne lui mettre le filet qu'au dernier moment.

• BRIDER

Ne pose pas le filet (appelé également bridon) par terre, mais passe-le à ton épaule ainsi que les rênes : le frontal vers l'avant. Tu as alors tes 2 mains libres.
Commence par mettre le licol en collier autour de l'encolure du cheval pour dégager sa tête.
Tu peux alors passer les rênes sur l'encolure ou les garder à ton bras.

- Si tu es suffisamment grand, prends la têtière avec la main droite pendant que ta main gauche met le mors dans la bouche du cheval tout en soulevant le bridon tenu au frontal.
- Si tu es trop petit par rapport au cheval tiens le bridon au milieu des montants pendant que tu mets le mors dans la bouche.

Glisse ensuite délicatement les oreilles sous la têtière. Sors le toupet pour le placer sur le frontal. Il reste à boucler la sous-gorge : laisse la grosseur d'un poing entre la sous-gorge et la gorge pour ne pas gêner la respiration du cheval.
Boucle ensuite la muserolle suivant le modèle.

• COMMENT FAIRE OUVRIR LA BOUCHE AU CHEVAL

Si le cheval rechigne à ouvrir la bouche, n'appuie pas le mors contre ses dents.
Pour l'inciter à ouvrir la bouche, une astuce consiste à enfoncer le pouce au niveau de la commissure des lèvres, là où il n'y a pas de dents (barres).
Autre astuce : frotter les gencives au niveau de la barre, pour lui faire ouvrir la bouche.

mets le filet en douceur

ménage
les dents et les oreilles

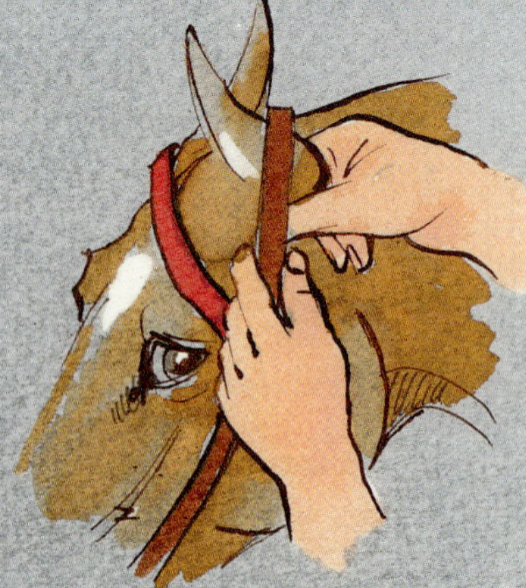

• VÉRIFICATIONS UTILES

Tu apprendras plus tard à régler un bridon, mais si tu constates que le mors comprime les commissures des lèvres ou est placé trop bas, signale-le à ton moniteur qui réglera les montants.

Vérifie que les montants du bridon, de la muserolle et de la sous-gorge sont bien à plat.

Vérifie que la sous-gorge et la muserolle sont bien bouclées et que le frontal, placé sous le toupet, est bien horizontal.

Il est préférable de mettre le licol en attente par-dessus le filet, car le cheval est ainsi mieux tenu.

• SELLER

- Avant de seller, remonte les étriers si ce n'est déjà fait, et place la sangle sur la selle. Si le tapis n'est pas attaché à la selle, pose-le légèrement en avant de sa position normale.
- Mets la selle sur le tapis et glisse l'ensemble à sa juste place, légèrement en arrière du garrot, en dégageant les épaules. Ainsi, les poils sont lissés sous le tapis.
- Tout en vérifiant sur le côté droit que la selle est bien posée et que le tapis ne fait pas de pli et dépasse légèrement vers l'avant de la selle.

La sangle ne doit pas frapper contre les membres lorsque tu la descends.

- Tu disposes alors d'un point de repère pour juger si la selle est à sa juste place : en pendant naturellement, la sangle doit se placer à un « plat de main » derrière les coudes du cheval.
- Sangle légèrement et dégarrote l'avant du tapis en le soulevant, pour éviter qu'il frotte contre le garrot. Boucle la sangle sans attendre, afin d'éviter que la selle tombe si le cheval bouge.

PLEINE NATURE

Un simple pli dans le tapis de selle peut être à l'origine d'une « gonfle » qui correspond à un décollement de la peau.

BRIDER, SELLER

Pour dégager la peau sous la sangle, tu peux tirer un à un les antérieurs vers l'avant et vers le haut.

- À ce moment, tu peux ressangler.

Avant de monter à cheval, tu vérifieras que la selle est bien sanglée, car certains chevaux se gonflent au moment du sanglage.

• OBSERVER

La forme de la selle doit s'adapter au dos du cheval. L'échancrure située à l'avant, offre un dégagement du garrot. Le garrot est une partie sensible qui doit être mise à l'abri de frottements. Le tapis de selle absorbe la sueur et protège le garrot et le dos du cheval. Les tapis de randonnée sont particulièrement épais.
Ils sont prolongés sur l'arrière pour éviter que les sacoches ne frottent directement sur la peau du cheval.

PLEINE NATURE

Une selle de randonnée doit être confortable, à la fois pour le cavalier et pour le cheval qui reste sellé pendant de longues heures. La selle doit disposer de systèmes d'attache pour les sacoches et les fontes disposées à l'avant. La selle de randonnée doit être solide et résister aux conditions climatiques.

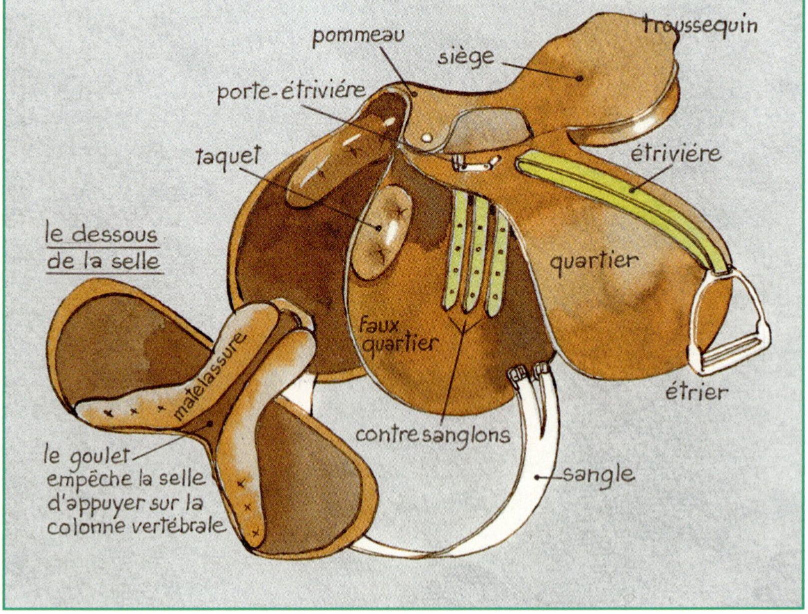

METTRE ET ENLEVER UNE COUVERTURE (ou une chemise)

En hiver, des poils longs et chauds poussent naturellement sur le corps du cheval et le protègent du froid. C'est le poil d'hiver, qui tombe au printemps pour laisser place au poil d'été, court et soyeux. Avec son poil d'hiver, le cheval qui travaille transpire abondamment. Cette transpiration a du mal à sécher après le travail, et le cheval risque de prendre froid. Pour cette raison, les chevaux de sport sont généralement tondus.

Il faut alors les protéger du froid avec une couverture.

Par temps frais et après une épreuve, on peut mettre au cheval une chemise (couverture fine en toile).

• DESCRIPTION DE LA COUVERTURE

Elle est plus ou moins chaude suivant les usages et recouvre l'ensemble du corps. La couverture se boucle au niveau du poitrail et une lanière passe parfois sous la queue pour maintenir l'arrière. Un système de sanglage ventral et des sangles de cuisses maintiennent la couverture en place. Certains modèles, sans sanglage ventral, sont maintenus par un surfaix.

• METTRE UNE COUVERTURE EN PLACE

En te mettant à gauche, fais passer tout le côté droit de la couverture vers la droite. Prends comme repère l'axe de la couverture qui doit prendre place au niveau de la colonne vertébrale. Fais ensuite passer la lanière sous la queue, boucle-la et avance la couverture pour qu'elle soit tendue. En te plaçant derrière, tu peux vérifier qu'elle a la même longueur sur les deux côtés.

Il faut ensuite fermer les boucles ou les velcros de poitrail : l'avant ne doit pas bailler ni être trop serré.

METTRE ET ENLEVER UNE COUVERTURE (ou une chemise)

Mets ensuite en place le système de sanglage ventral et les sangles de cuisse s'il y en a.
Évite de trop serrer les sangles car le cheval doit rester à l'aise sous couverture.
S'il n'y a pas de sanglage ventral, mets un surfaix juste en arrière du garrot et ne le serre pas trop.

• ENLEVER UNE COUVERTURE

Commence par déboucler les sangles ventrales et celles des cuisses. Ouvre ensuite les boucles de poitrail et la sous-queue. Il y a ensuite deux manières de plier la couverture :

1– En la saisissant au niveau du garrot et de la queue, soulève-la, tire-la sur le côté et plie-la.

2– En la laissant sur le cheval, replie plusieurs fois la partie arrière vers l'avant. Tire-la ensuite sur le côté et replie l'ensemble. Pliée ainsi, il sera plus facile de la remettre en place si tu es seul.

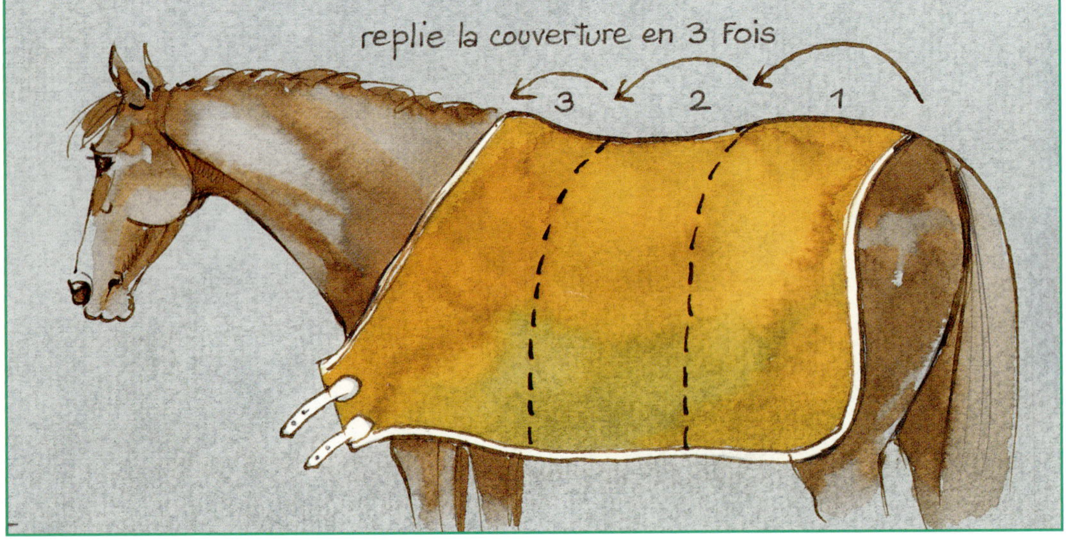

ENTRETENIR LE HARNACHEMENT (cuirs/aciers)

Le harnachement mal entretenu s'use rapidement. Il perd sa souplesse, peut blesser le cheval et n'assure plus le confort du cavalier.

L'entretien du cuir se fait en deux opérations :

- Nettoyer la boue et la sueur sur les deux faces du cuir, avec une éponge enduite de savon glycériné (savon gras). Mettre beaucoup de savon, mais peu d'eau.
- Périodiquement, il faut nourrir le cuir avec de la graisse pour cuir ou un produit cirant, afin qu'il retrouve sa souplesse naturelle ; surtout s'il a été mouillé par la pluie. Si le cuir est très sec, masse-le en le graissant. Ainsi la graisse pénètre mieux.

• LE BRIDON

Il est préférable de démonter complètement le bridon pour l'entretenir et pour vérifier toutes les pièces. Vérifie les coutures et l'usure des parties en contact avec le mors. Nettoie ensuite toutes les pièces avec du savon glycériné avant de les graisser.

• LA SELLE

Démonte la sangle et les étrivières.

Passe soigneusement tous les éléments en cuir au savon glycériné. Les parties qui ne sont pas en contact avec le cavalier peuvent être légèrement graissées régulièrement. Les selles en matière synthétique sont simplement lavées.

• LA SANGLE

La sangle est débarrassée de toute trace de boue. Les modèles en coton ou en matière synthétique sont soigneusement lavés à l'eau savonneuse puis rincés. La sangle en cuir est passée au savon glycériné.

ENTRETENIR LE HARNACHEMENT (cuirs/aciers)

• LES PROTECTIONS DE TRAVAIL

Elles sont lavées au jet ou dans un seau d'eau, puis séchées. Graisse modérément les sangles en cuir, pour éviter que le sable y adhère.

• LE TAPIS

Le tapis en coton est simplement brossé et lavé à l'eau claire et au savon. Les poils collés au tapis sont régulièrement brossés. Il faut éviter que la sueur séchée raidisse le tapis. Il est possible de le laver dans un lave-linge, de l'essorer et de le rincer soigneusement ensuite.

• LES ACIERS

Fais tremper le mors avant de le frotter avec une petite brosse ou un tampon à vaisselle.
Il faut enlever les restes d'aliments collés contre les mors, car ils peuvent blesser la bouche.

RÈGLES DE CONDUITE

À cheval, tu dois respecter les règles de conduite envers les autres cavaliers, les piétons et les véhicules rencontrés.
Sur la route, tu es schématiquement assimilé à une bicyclette. Tu dois donc respecter les panneaux de signalisation, les feux tricolores, les interdictions, etc.

Voici quelques conseils :

- En toutes circonstances, il faut rester maître du cheval que tu montes, et te montrer courtois et prudent avec les personnes que tu rencontres
- Dans les agglomérations, reste au pas pour ne pas effrayer les piétons. Conseille-leur gentiment de ne pas s'approcher de ton cheval.
- Sur les chemins, ne galope pas sans visibilité, car tu pourrais te trouver nez à nez avec un piéton ou un autre cavalier.
- Lorsque tu croises un autre cavalier, passe au pas, salue-le et ne t'approche pas de lui car les chevaux peuvent se quereller.
- Avant de dépasser un autre cheval, demande l'autorisation à son cavalier et ne t'approche pas trop de son cheval.
- La nuit, tu dois porter des vêtements clairs équipés de bandes indiquant ta présence aux véhicules. Ainsi qu'une lumière blanche à l'avant et rouge à l'arrière.

• ZONES RÉGLEMENTÉES OU INTERDITES

L'accès aux **plages** est généralement réglementé. Un panneau aux entrées de plage signale les interdictions.
Dans les forêts, certains chemins sont interdits. Un panneau indique les pistes cavalières. Il est formellement interdit d'aller dans le sous-bois.
Dans les agglomérations, en plus des panneaux habituels, des interdictions peuvent être destinées aux chevaux.

LES PARTIES DU LICOL, DU FILET ET DE LA SELLE

Les harnachements sont généralement composés de :

- Parties en cuir ou en matières synthétiques.
- Parties métalliques ou en plastique tels que les boucles, le mors, etc.

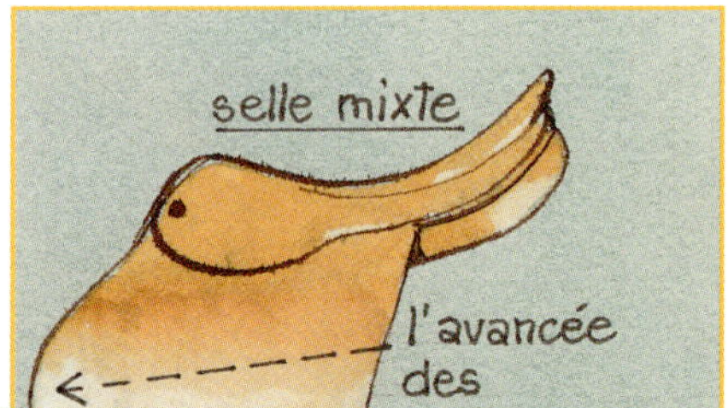
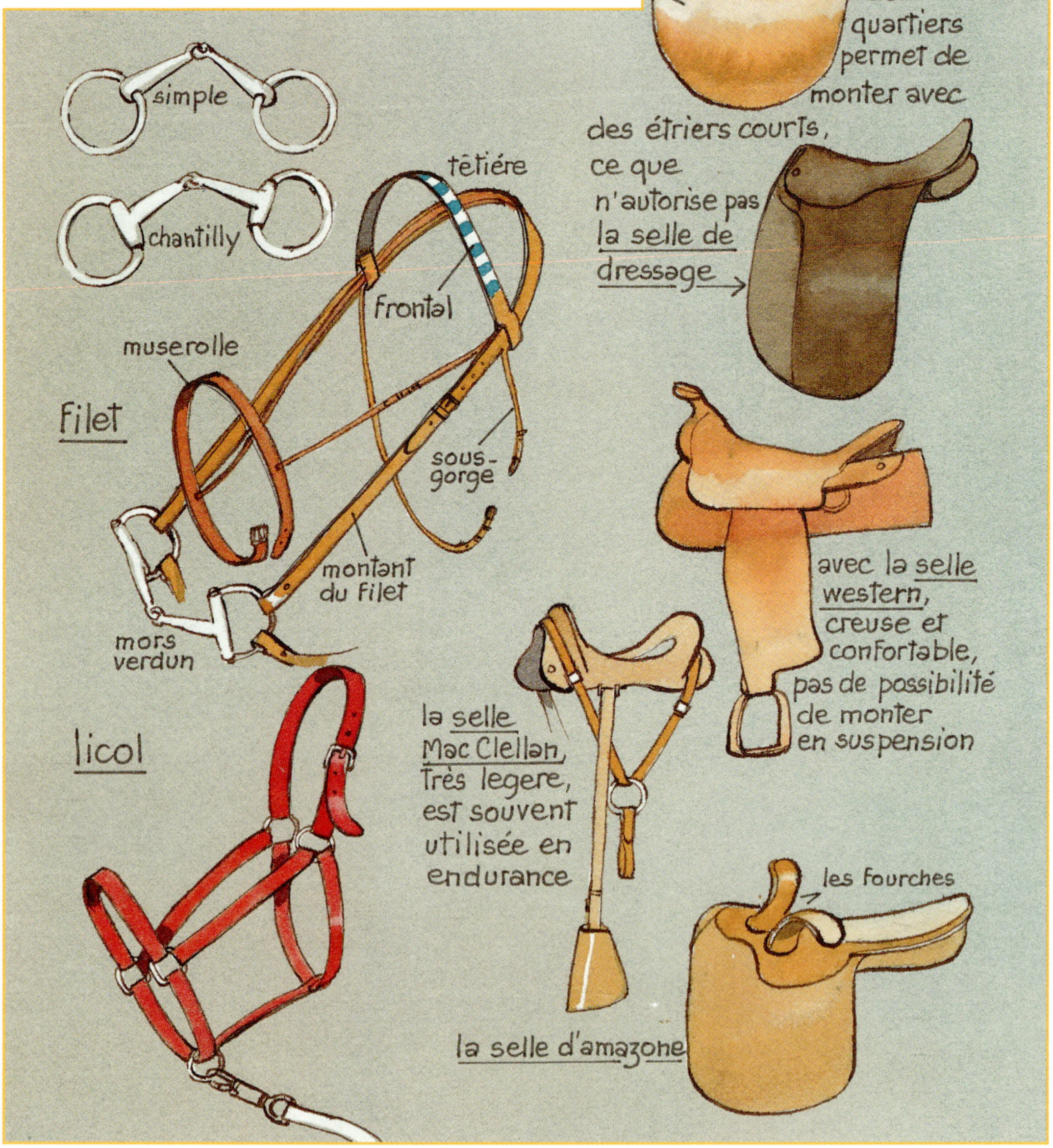

PARTICULARITÉS DES ROBES (marques blanches sur la tête et les membres)

Les mêmes robes peuvent avoir des nuances différentes. On parle par exemple de « bai cerise », lorsque cette robe présente des nuances rouges ou de « bai brun » pour un cheval qui est presque noir. Les marques plus ou moins étendues de poils blancs servent également à différencier les robes et aident à effectuer le « signalement du cheval ».

Selon l'emplacement, ces marques blanches sont appelées :

- Liste sur le chanfrein. La liste peut être étroite, large, régulière, déviée…
- En-tête sur le front. L'en-tête peut présenter la forme d'une étoile, d'une pelote, d'un losange…
- Balzane à l'extrémité d'un membre.

Les balzanes peuvent être plus ou moins étendues et plus ou moins régulières. On parle par exemple de balzane à mi-canon, pour préciser sa hauteur.

• À SAVOIR ÉGALEMENT :

- Une zone de peau dépigmentée aux extrémités des lèvres se nomme ladre.
- La raie de mulet est une bande sombre qui va de la crinière à la queue.
- Un cheval dont la tête est plus foncée que le reste du corps est appelé cap de Maure.
- La robe du cheval zain est caractérisée par l'absence de poils blancs.

PLEINE NATURE

Les particularités des robes servent à différentier les chevaux et à les identifier. La robe des chevaux gris éclaircit au fil des ans. Les poils d'hiver et d'été d'un même cheval peuvent présenter des nuances différentes, mais les marques blanches ne changent pas.

GALOP 2 • Connaissances

LES AIDES POUR AVANCER

Pour avancer, tu dois solliciter l'impulsion du cheval, et l'entretenir.
Voici comment procéder :

- Après avoir desserré légèrement les doigts sur les rênes.
- Agis avec les deux jambes à la sangle, en exerçant des pressions brèves et intermittentes avec les mollets, sans « battre des jambes ». Si le cheval rechigne à t'obéir, répète tes actions plus énergiquement. S'il n'obéit toujours pas, tu peux le stimuler avec ta cravache, mais sans manifester de brutalité.
- Dès que le cheval obéit, accompagne le mouvement de son dos avec le jeu de ton propre bassin.
- Avec les mouvements de ton bassin, tu incites ton cheval à « allonger sa foulée », ce qui le fait accélérer.

l'action des jambes:
pincements répétés des mollets, appuyés par les talons, si nécessaire

• ERREUR À ÉVITER

En agissant avec les jambes, il ne faut surtout pas agiter ses mains en tirant sur la bouche du cheval qui recevrait dans ce cas deux ordres contradictoires : être porté en avant avec les jambes et être ralenti avec les mains.

un petit coup de cravache sur l'épaule, réveille l'impulsion

les mains ne doivent pas contredire l'action des jambes

PARTICULARITÉS DES ROBES (marques blanches sur la tête et les membres)

Les mêmes robes peuvent avoir des nuances différentes. On parle par exemple de « bai cerise », lorsque cette robe présente des nuances rouges ou de « bai brun » pour un cheval qui est presque noir. Les marques plus ou moins étendues de poils blancs servent également à différencier les robes et aident à effectuer le « signalement du cheval ».

Selon l'emplacement, ces marques blanches sont appelées :

- Liste sur le chanfrein. La liste peut être étroite, large, régulière, déviée…
- En-tête sur le front. L'en-tête peut présenter la forme d'une étoile, d'une pelote, d'un losange…
- Balzane à l'extrémité d'un membre.

Les balzanes peuvent être plus ou moins étendues et plus ou moins régulières. On parle par exemple de balzane à mi-canon, pour préciser sa hauteur.

À SAVOIR ÉGALEMENT :

- Une zone de peau dépigmentée aux extrémités des lèvres se nomme ladre.
- La raie de mulet est une bande sombre qui va de la crinière à la queue.
- Un cheval dont la tête est plus foncée que le reste du corps est appelé cap de Maure.
- La robe du cheval zain est caractérisée par l'absence de poils blancs.

PLEINE NATURE

Les particularités des robes servent à différentier les chevaux et à les identifier. La robe des chevaux gris éclaircit au fil des ans. Les poils d'hiver et d'été d'un même cheval peuvent présenter des nuances différentes, mais les marques blanches ne changent pas.

LES AIDES NATURELLES ET ARTIFICIELLES

Pour communiquer avec ta monture et lui transmettre des indications, tu te sers d'un certain nombre de moyens nommés « aides ».
On parle alors de langage des aides. Les aides peuvent être naturelles ou artificielles.

• LES AIDES NATURELLES

- Les mains.
- Les jambes.
- Le poids du corps par l'intermédiaire de l'assiette. L'assiette est la qualité qui permet au cavalier de rester maître de son équilibre en toutes circonstances.
- La voix permet de communiquer, récompenser, calmer ou gronder le cheval.

• LES AIDES ARTIFICIELLES

Elles sont utilisées lorsqu'il faut renforcer ou améliorer la précision de l'action des jambes.
Les deux principales sont :
- La cravache ;
- Les éperons.

• TABLEAU D'UTILISATION DES AIDES NATURELLES

EFFET RECHERCHÉ	MAINS	JAMBES	ASSIETTE	VOIX
Mettre le cheval en avant		x	x	
Accélérer		x	x	
Ralentir	x		x	
Tourner	x	x	x	
Récompenser le cheval	x			x

L'IMPULSION

un cheval dans l'impulsion,
marche d'un pas énergétique

en jouant,
libéré de toute appréhension,
décontracté,
tu te serviras naturellement
de tes jambes

En observant un cheval en liberté qui avance énergiquement ou accélère brutalement, tu peux remarquer qu'il utilise surtout ses postérieurs pour se propulser.
À chaque pas, le cheval engage ses postérieurs sous sa masse (sous son corps) : on parle d'impulsion.
Par définition, l'impulsion est l'énergie utilisée par le cheval pour créer le mouvement.
L'impulsion peut être naturelle ou acquise par un travail de dressage.

• COMMENT STIMULER ET UTILISER L'IMPULSION

À l'état naturel, les chevaux ne manifestent pas tous la même impulsion, car leurs tempéraments sont différents. Certaines races, dites « de sang », ont une impulsion marquée qui les prédestinent à se porter énergiquement en avant.
D'autres chevaux, moins énergiques, ont naturellement peu d'impulsion.
L'impulsion est une qualité indispensable en équitation.
Le cavalier doit apprendre à stimuler cette impulsion, à la contrôler et à l'entretenir, pour tirer le meilleur parti de son cheval.

PLEINE NATURE

L'impulsion est surtout stimulée par les jambes et par l'assiette du cavalier. La voix, la cravache et les éperons renforcent l'action des jambes du cavalier pour « mettre le cheval en avant ». Cravache et éperons ne doivent être utilisés que par des cavaliers parfaitement maîtres de leurs mouvements. Cette qualité que doit rechercher tout cavalier, se nomme : l'indépendance des aides.

LES AIDES POUR AVANCER

Pour avancer, tu dois solliciter l'impulsion du cheval, et l'entretenir.
Voici comment procéder :

- Après avoir desserré légèrement les doigts sur les rênes.
- Agis avec les deux jambes à la sangle, en exerçant des pressions brèves et intermittentes avec les mollets, sans « battre des jambes ». Si le cheval rechigne à t'obéir, répète tes actions plus énergiquement. S'il n'obéit toujours pas, tu peux le stimuler avec ta cravache, mais sans manifester de brutalité.
- Dès que le cheval obéit, accompagne le mouvement de son dos avec le jeu de ton propre bassin.
- Avec les mouvements de ton bassin, tu incites ton cheval à « allonger sa foulée », ce qui le fait accélérer.

• ERREUR À ÉVITER

En agissant avec les jambes, il ne faut surtout pas agiter ses mains en tirant sur la bouche du cheval qui recevrait dans ce cas deux ordres contradictoires : être porté en avant avec les jambes et être ralenti avec les mains.

En randonnée, il est indispensable de savoir lire une carte.

GALOP 2 • Topo orientation

LA CARTE ET SON UTILISATION SUR LE TERRAIN

• LA CARTE

La carte fourmille d'informations utiles pour randonner.

• LA LÉGENDE

Sur la carte, de nombreux détails courants sont représentés par de petits dessins appelés **signes conventionnels**. Ils figurent avec leur signification, dans un tableau placé en marge de la carte.
Pour apprendre à lire une carte, tu dois reconnaître les principaux signes conventionnels qui constituent la **légende** de la carte.

Quatre couleurs principales sont utilisées sur la carte :

- Le VERT est réservé à la végétation : forêts, cultures etc.
- Le BLEU est utilisé pour tout ce qui représente l'eau : cours d'eau, lacs, sources etc.
- La couleur ORANGE est consacrée aux courbes de niveau qui définissent le relief.

Les routes principales sont également colorées en orange.

- Les routes secondaires sont colorées en JAUNE sur certaines cartes.
- Le NOIR représente les éléments visibles sur le terrain ainsi que les mentions écrites.
- Des indications touristiques figurent sur certaines cartes en ROUGE ou en BLEU-VIOLET : pistes cavalières, sentiers de randonnée, lieux de baignade etc.

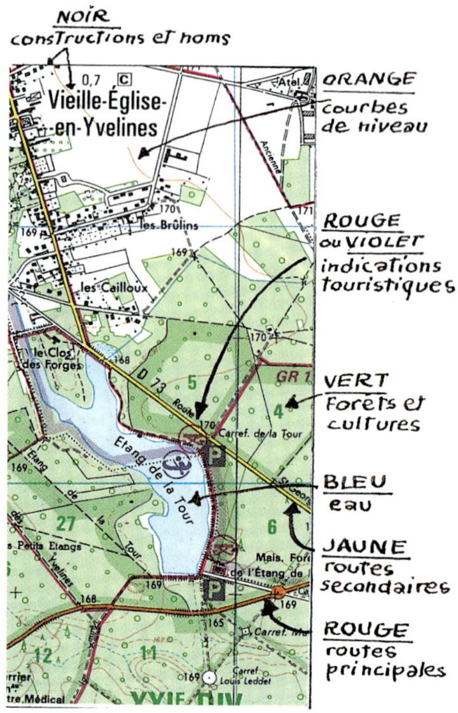

Extrait de la carte IGN Top 25 Rambouillet-Fontainebleau

EN SAVOIR PLUS

En France, les cartes utilisées par les randonneurs sont éditées par l'Institut Géographique National (IGN). La série bleue (1:25 000) est la mieux adaptée aux besoins du randonneur. Pour rester fidèles à la réalité, ces cartes sont régulièrement mises à jour.

GALOP 2 • Topo orientation

LA CARTE ET SON UTILISATION SUR LE TERRAIN

• LE NORD

Le nord est dirigé vers le haut de la carte. En préparant tes galops de pleine nature, tu apprendras progressivement à trouver la direction du nord à l'aide d'une boussole, du soleil, de l'étoile polaire, etc.

Nord (N), Sud (S), Est (E) et Ouest (O), définissent les quatre points cardinaux.

• LE TERRAIN

• S'ORIENTER AVEC UN PLAN SIMPLE DANS UN ESPACE CONNU

Lorsque la carte est bien orientée, les éléments du terrain et ceux qui les représentent sur la carte, sont dans la même direction.
Au galop 3, tu apprendras à orienter une carte.

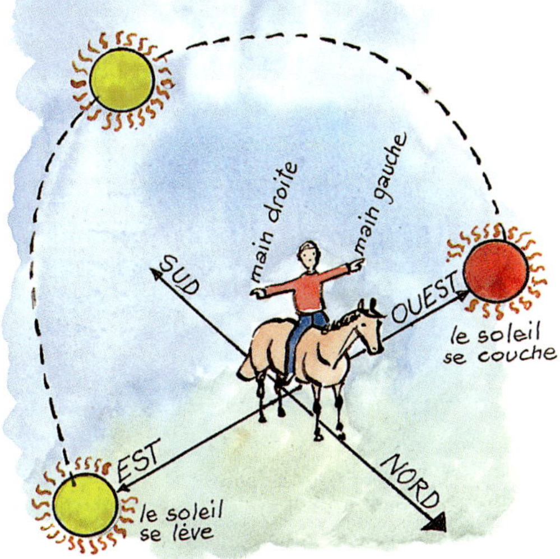

• LE SOLEIL

Le soleil se lève et se couche toujours sensiblement dans les mêmes directions :

- le matin, il apparaît à l'EST.
- à midi, il est au plus haut dans le ciel en direction du SUD
- le soir, il se couche vers l'OUEST.

Pour avoir LE NORD DEVANT TOI en fonction de la position du soleil, il suffit de te tourner de la façon suivante :

- le MATIN, dirige ta main DROITE vers le soleil,
- à MIDI, tourne ton DOS vers le soleil,
- le SOIR, dirige ta main GAUCHE vers le soleil.

GALOP 2 • Topo orientation

GÉNÉRALITÉS SUR LA TERRE

• JEU DE PISTE

Pour vérifier si tu sais t'orienter avec un plan à partir des points cardinaux, amuse-toi à faire ce jeu de piste. Tu dois retrouver le cheval Sully mais tu ne sais pas dans quel box il se trouve et ils sont nombreux dans le club. Tu disposes cependant des indications suivantes :
À toi de trouver le bon box, et de relever son numéro.

Indications :

- A l'entrée du club, dirige-toi vers le nord pendant 50 m.
- Tourne ensuite vers l'ouest et marche pendant 40 m.
- Au carrefour dirige-toi à nouveau vers le nord et marche pendant 60 m.
- Tourne ensuite vers l'est et marche pendant 210 m,
- Au carrefour, dirige-toi vers le sud, marche pendant 50 m et tu te trouves devant le box de Sully !

Note le numéro du box et vérifie ta réponse au bas de la page.

Box de Sully :
n° ____

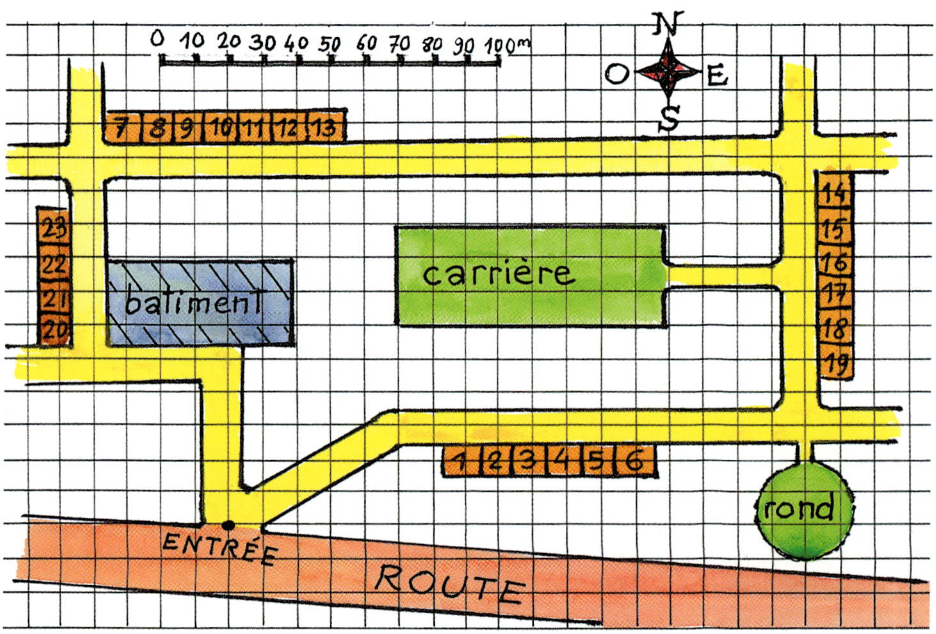

Box de Sully : n° 18

LES ARBRES

LES ARBRES COURANTS

Les variétés d'arbres et de plantes sont très nombreuses. Voici les plus courantes que tu dois apprendre à reconnaître.

• COMMENT IDENTIFIER LES ARBRES

- Commence par observer leur silhouette. Certains arbres comme le chêne, sont plutôt ronds, d'autres très allongés comme le peuplier, d'autres pointus comme le sapin etc.
- Observe ensuite les feuilles ou les aiguilles. Chaque variété d'arbre a ses propres feuilles ou aiguilles, qui ne tombent pas en hiver.
- Fruits et fleurs sont différents suivant les variétés d'arbres, ce qui permet de les différencier. Les glands te permettent par exemple de reconnaître le chêne et les succulentes noisettes indiquent bien sûr un noisetier.
- Enfin, certaines écorces sont lisses, d'autres crevassées, d'autres blanches etc.

Le bois de chaque espèce a des qualités particulières.

• FEUILLU OU CONIFÈRE ?

Les arbres sont classés en feuillus et en conifères. Connais-tu leurs différences ?

- Les feuillus ont des feuilles plates et larges qui tombent en hiver (sauf le chêne persistant), alors que les conifères ont des aiguilles
- Les feuillus ont de la sève alors que la plupart des conifères ont de la résine.
- Les fruits des conifères sont des cônes.

UN GUIDE BOTANIQUE

Pour reconnaître les plantes et les arbres sans te tromper, utilise un guide botanique. En fonction des feuilles, des fruits et de la silhouette de l'arbre, il te permet de retrouver leurs noms et tous les renseignements qui t'intéressent

EN SAVOIR PLUS

Les feuilles contiennent de la chlorophylle de couleur verte, qui stocke l'énergie du soleil comme des panneaux solaires. Avec l'eau puisée par les racines et le gaz carbonique de l'air, la plante transforme ensuite cette énergie en aliments nourrissants.

PRINCIPAUX ARBRES PORTANT DES FEUILLES (feuillus)

NOMS	FEUILLES, AIGUILLES ET FRUITS	ÉCORCE ET BOIS	À SAVOIR
CHÊNE		 Bois très dur qui brûle sans faire beaucoup de flammes. Écorce crevassée.	C'est le roi de la forêt, mais ses feuilles sont toxiques. Ne fais pas de bivouac sous un chêne, car des branches peuvent tomber.
HÊTRE		 Bon bois pour le feu. Écorce grise et lisse.	Magnifiques futaies de hêtres.
CHARME		 Brûle bien. Écorce assez lisse.	Bel arbre mais pas très grand.
FRÊNE		 Bois souple qui se travaille facilement. Écorce lisse.	Les chevaux aiment manger les feuilles, mais aussi ronger les écorces tendres de cet arbre.
BOULEAU		 Reconnaissable à son écorce blanche, utilisée pour allumer un feu.	Arbre qui résiste bien au froid.

GALOP 2 • connaissances du milieu

PRINCIPAUX ARBRES PORTANT DES FEUILLES (feuillus)

NOMS	FEUILLES, AIGUILLES ET FRUITS	ÉCORCE ET BOIS	A SAVOIR
ACACIA		 Bois qui fait d'excellents piquets de clôture. Écorce crevassée	Attention aux épines !
NOISETIER	 Les noisettes sont mûres en automne	 Bois souple qui se travaille facilement	Petit arbre qui pousse en bosquets
PEUPLIER		 Brûle facilement sans dégager beaucoup de chaleur	Grand arbre qui pousse surtout dans les terrains humides.
CHÂTAIGNIER	 Châtaignes à faire griller en automne	 Bois utilisé pour faire des piquets de clôture	Ne pas confondre avec le marronnier, dont les feuilles ont plusieurs lobes

GALOP 2 • connaissances du milieu

PRINCIPAUX ARBRES PORTANT DES AIGUILLES

NOMS	FEUILLES, AIGUILLES ET FRUITS	ÉCORCE ET BOIS	À SAVOIR
SAPIN	 Les aiguilles ne piquent pas. Cônes de sapin dirigés vers le haut.	 Écorce crevassée. Attention à la résine qui tâche !	Forêts sombres. Arbre qui pousse en moyenne montagne
ÉPICÉA	 Les aiguilles piquent. Les cônes sont dirigés vers le bas.	Bois tendre et résineux. 	Arbre qui pousse en moyenne montagne
MÉLÈZE	 Seul résineux dont les aiguilles tombent en hiver	 Écorce grise qui roussit en vieillissant Bois tendre et résineux.	Arbre qui pousse encore au-dessus de 1 500 m d'altitude
PIN La variété la plus répandue est le pin maritime.	 Aiguilles regroupées dans une même gaine reliée au rameau.	Les pommes de pin sont utilisées pour allumer le feu 	Pousse surtout sur des sols sablonneux du sud.

QUELQUES PLANTES ET FLEURS SAUVAGES

NOM ET DESSINS	À SAVOIR	NOM ET DESSINS	À SAVOIR
FOUGÈRE 	C'est une plante très ancienne qui pousse surtout en forêt.	BRUYÈRE 	Elle pousse souvent sur des sols pauvres et en altitude. Elle peut servir de litière pour les chevaux
JONQUILLES 	Fleurs jaunes qui tapissent le sol de la forêt au printemps.	RHODODENDRON 	Plante qui forme de beaux massifs de fleurs mauves. Pousse également en montagnes
MUGUET 	Fleurit au début du mois de mai	GENTIANE 	Fleurs jaunes de montagne Plante utilisée en médecine.
PRIMEVÈRE 	Fleurs jaunes allongées Cette plante est utilisée en médecine.	ARNICA 	Pousse en montagne Attention, elle est toxique pour les chevaux
PÂQUERETTES 	Fleurs qui poussent surtout dans les prés.	GENET 	Tiges touffues, fleurs jaunes qui fleurissent en mai. Utilisé jadis pour faire des balais.

GALOP 2 • Pratique

PARCOURS DE L'ÉDITION OFFICIELLE 2001

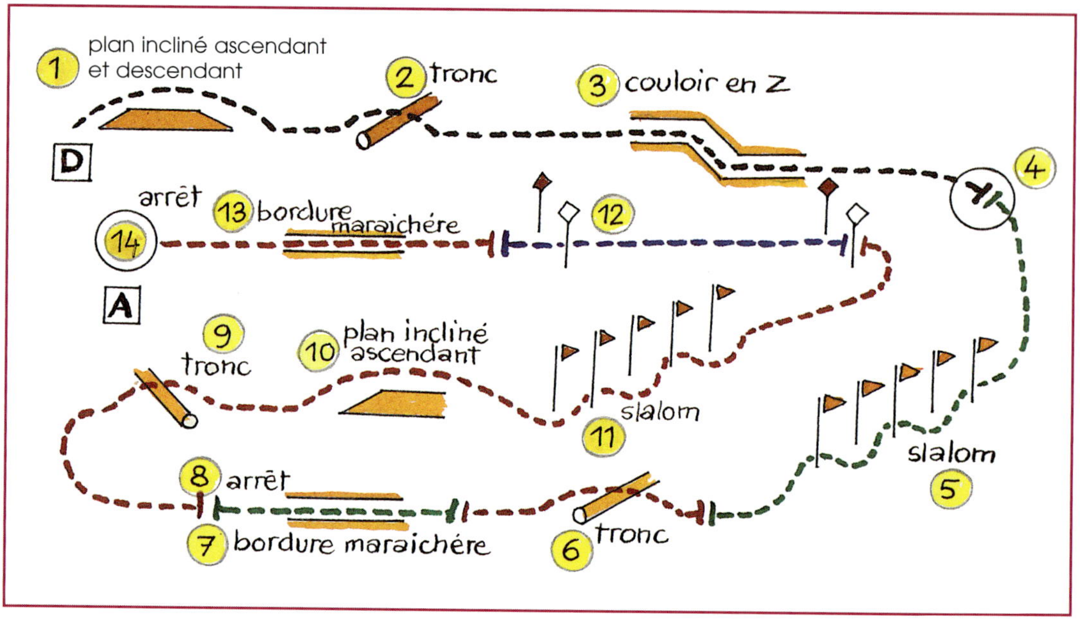

Allures
Noir = en main
Vert = pas
Rouge = trot
Bleu = galop

PÉNALITÉS (voir aussi page 1)

- ✖ Sortir du cercle de 2 m (par pied sorti)
- ✖ Changement d'allure
- ✖ Refus
- ✖ Barre ou branche tombée
- ✖ Touché de barre
- ✖ Porte manquée
- ✖ P.O. non passé
- ✖ Toute brutalité et attitude dangereuse pour le cavalier, le cheval ou l'environnement entraîne l'élimination

Notation : total minimum exigé pour l'obtention du Galop 12/14

les plaisirs de la randonnée

GRILLE DE NOTATION

Allure	N°	Difficultés	note 1 ou 2		Dessin	Points essentiels
En main	1	Plan incliné ascendant et descendant				Progression régulière dans l'axe médian. Le cheval doit suivre le cavalier en toute sécurité.
	2	Tronc d'arbre (0,20 à 0,30 m, front de 3 à 4 m)				Le cheval reste derrière le cavalier et franchit le tronc sans hésiter et dans le calme. Ne pas tirer sur les rênes ou sur la longe.
	3	Couloir en Z (angle 90°, largeur 1 m)				Le cheval ne quitte pas le couloir et progresse dans le calme, en suivant le cavalier.
	4	Montoir à droite avec avantage (cercle de 2 m de diamètre)				Le cheval doit rester immobile. La mise en selle doit se faire souplement.
Pas	5	Slalom de 5 piquets (intervalle 5 m)				Fluidité dans les inversions de courbes. Ne pas toucher les piquets mais ne pas trop s'en écarter.
Trot	6	Tronc (hauteur 0,50, front 3 à 4 m)				Franchissement régulier dans l'équilibre et l'impulsion. Position du cavalier correcte. Ne pas gêner le cheval.
Pas	7	Bordure maraîchère (longueur 8 m, largeur 0,80 m)				Rester dans le couloir, ne pas toucher les barres Progression régulière dans le calme.

GALOP 2 • Pratique

GRILLE DE NOTATION

Allure	N°	Difficultés	note 1 ou 2		Dessin	Points essentiels
Pas	8	Arrêt à l'extrémité de la bordure				Le cheval doit être arrêté droit et immobile.
Trot en équilibre	9	Tronc (0,50 m, front 3 à 4 m)				Franchissement régulier dans l'équilibre et l'impulsion. Position du cavalier correcte. Ne pas gêner le cheval.
	10	Plan incliné ascendant (30° sur 3 m minimum)				Progression régulière dans l'axe de la pente. Allure régulière du cheval. Le cavalier reste en équilibre, sans gêner le cheval.
Trot enlevé	11	Slalom de 5 piquets (intervalle 6 m)				Conserver un trot régulier. Ne pas toucher les piquets, mais ne pas trop s'en écarter.
Galop	12	Galop en ligne droite, 30 à 50 m entre 2 P.O.				Transition du trot au galop dans le calme. Galoper en ligne droite et passer par les P.O. Reprendre le trot dans le calme.
Trot	13	Bordure maraîchère (longueur 8 m, largeur 0,80 m)				Conserver un trot régulier sans sortir du couloir, ni toucher les barres.
	14	Arrêt dans un cercle de 5 m de diamètre				Cheval arrêté immobile et dans le calme.
		TOTAL				

GALOP 3 • Équitation

Après avoir vérifié le bon état général de sa monture et lui avoir ajusté le harnachement, ÊTRE CAPABLE de diriger son cheval aux trois allures, sur des sauts isolés ou en terrains variés.

Rappel : Les aides sont les moyens dont dispose le cavalier pour communiquer avec sa monture,

- poids du corps, mains et jambes et voix sont les aides naturelles.
- cravache et éperons sont les aides artificielles.

• L'EMPLOI DES AIDES

Les aides peuvent :

- Agir pour communiquer une demande au cheval. Exemple : les mains agissent pour faire tourner le cheval.
- Résister, pour prolonger ou renforcer une demande. Exemple : pendant la volte, les mains peuvent résister pour maintenir le cheval sur le cercle.
- Céder, en arrêtant d'agir ou de résister. Exemple : à la fin de la volte, les mains cèdent pour permettre au cheval de continuer sur la piste.

En agissant avec ses mains, il ne faut pas bouger involontairement les jambes, et inversement. Tout cavalier doit perfectionner « l'indépendance de ses aides ».

• NOTIONS DE CONTACT

Le cavalier doit établir un contact avec son cheval pour que ses aides soient efficaces. Ce contact permet au cavalier de communiquer avec sa monture, en percevant ses réactions en en tenant compte pour se faire obéir.

Ce contact s'établit avec :

- Le poids de son corps, qui est réparti différemment suivant les buts recherchés.
- Les mains qui serrent plus ou moins les rênes et jouent sur les articulations des poignets, coudes et épaules.
- Les jambes avec le contact des mollets et des cuisses tournées sur leur plat.

la reprise est arrêtée
sur une ligne

première difficulté :
sortir du rang

deuxième difficulté :
évoluer individuellement

un bon exercice
d'autorité contrôlée

Au niveau galop 3, tu dois être capable de te déplacer individuellement, sans que ta monture suive les autres chevaux de la reprise.
Généralement, le moniteur demande aux cavaliers de la reprise de se ranger l'un à côté de l'autre sur la ligne du milieu du manège. Ensuite, à tour de rôle, chaque cavalier sort du groupe pour évoluer tout seul à l'allure indiquée.

DIFFICULTÉS RENCONTRÉES

- Le cheval ne veut pas se séparer des autres.
- Il ne veut pas garder l'allure voulue et cherche à quitter la piste pour les rejoindre.

PARTIR ET REVENIR AU PAS EN UN ENDROIT PRÉCIS

Pour effectuer un parcours individuellement :

- Prépare-toi : chausse les étriers, corrige ta position et ajuste tes rênes pour être en mesure de diriger ton cheval.
- Agis progressivement avec tes jambes pour mettre le cheval en mouvement dans la direction choisie. Des actions de jambes répétées et énergiques sont généralement nécessaires pour l'obliger à se séparer des autres car naturellement, les chevaux cherchent à rester groupés.
- Dirige-toi vers l'endroit fixé en insistant avec les jambes pour que le cheval reste au pas.
- Garde tes rênes ajustées pour qu'il se sente guidé et ne revienne pas rejoindre les autres chevaux.
- Si tu évolues sur la piste, ajuste la rêne extérieure (côté mur) un peu plus courte, et tiens la cravache dans l'autre main (main intérieure) pour inciter le cheval à garder la piste.

PLEINE NATURE

À l'extérieur, tu peux t'entraîner à conduire ton cheval entre des arbres par exemple. Tu lui apprends ainsi à se séparer des autres chevaux de son groupe, ce qui n'est pas toujours facile !

AU TROT

• TROTTER ENLEVÉ SUR LE DIAGONAL DÉSIRÉ

Au trot enlevé, le cavalier s'accorde avec l'un des bipèdes diagonaux et se laisse légèrement enlever un temps sur deux, en reprenant le fond de la selle le temps suivant.
Par définition, tu trottes à **droite**, si tu te rassoies lorsque le **diagonal droit** (antérieur droit et postérieur gauche) est **à l'appui,** et inversement.
Pour changer de diagonal, il suffit de rester assis dans la selle (ou debout), deux temps d'affilée.

• STABILISER SON ÉQUILIBRE SUR LES ÉTRIERS

Contrairement à la position en équilibre où le buste est légèrement incliné en avant, au trot assis, le cavalier doit garder le buste vertical. Le rein souple absorbe les secousses du trot, sans que les fesses ne décollent de la selle.

• ÉVOLUER SEUL

Lorsque tu évolues seul au trot, il faut entretenir l'impulsion du cheval avec tes jambes, pour éviter qu'il ne repasse au pas.
Pour éviter de bouger les mains, tu peux les poser sur l'encolure lorsque tu es au trot enlevé. En principe, tu dois trotter enlevé sur la piste, mais rester au trot assis pendant que tu exécutes des figures. Tu apprendras plus tard, pourquoi il faut parfois changer de diagonal au trot enlevé.

PLEINE NATURE

En promenade, pense à changer régulièrement de bipède diagonal, lorsque tu trottes enlevé. Pour changer de diagonal, il suffit de rester deux temps dans la selle. Pour voir sur quel diagonal tu trottes, observe les épaules du cheval. Lorsque l'épaule avance, le pied est sur le point de se poser.

AU TROT ••• CONDUIRE SUR DES COURBES SERRÉES

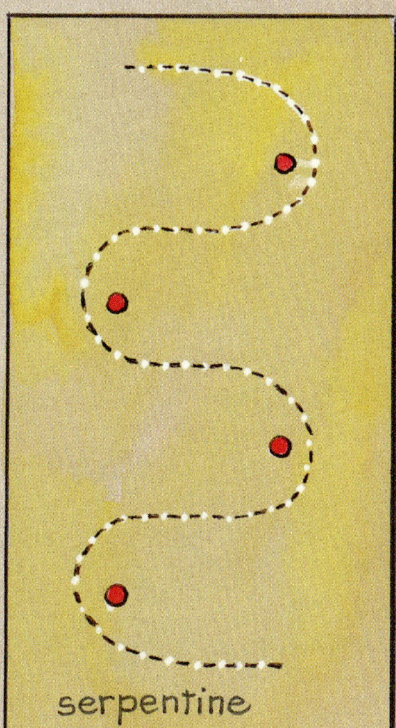

Pour conduire le cheval au trot sur des courbes serrées, il faut commencer à ralentir avant de tourner. Il est préférable de tourner au trot assis. Regarde dans la direction où tu dois aller, et dispose rapidement tes aides pour tourner. Tu dois agir avec des aides un peu plus marquées et plus précises, que pour le tourner large.

• LE DOUBLER

Dans un doubler dans la largeur sur une ligne donnée, prépare tes aides, car avec la vitesse du trot, le cheval ne peut pas tourner instantanément lorsque tu le lui demandes.

Si tu étais au trot enlevé, pense à changer de diagonal chaque fois que tu changes de main.

• LE SLALOM

En effectuant un slalom à cheval, il faut « inverser tes aides » en passant sur la ligne formée par les plots, pour trotter toujours sur le diagonal extérieur. N'essaie pas de tourner serré tant que le cheval n'est pas équilibré dans son allure, ou qu'il se défend contre la main.

PLEINE NATURE

Pour que le cheval tourne sans contrainte sur une courbe serrée, tu dois le préparer juste avant de tourner. Commence par le ralentir légèrement, mets-toi au trot assis et donne-lui une légère indication de la rêne, du côté où tu veux tourner, en regardant dans ce sens. Il est ainsi préparé à tourner au moment précis où tu le lui demandes.

GALOP 3 • Équitation

AU GALOP ••• RECHERCHER SON ÉQUILIBRE ASSIS

• RAPPEL :

Le cavalier peut galoper :

- En équilibre au-dessus de ses étriers qui ont été raccourcis, le buste incliné en avant, les jambes en place, les talons bas, les mains éventuellement en appui sur l'encolure.

- Assis, le buste droit, les épaules en arrière, en suivant le mouvement de bascule du cheval (3e temps) par le jeu de ses reins et de son dos. L'assiette épouse le mouvement du dos du cheval.

Contrairement au trot où l'encolure et la tête du cheval sont relativement fixes, au galop, l'encolure bouge et le cavalier doit accompagner le balancement avec ses mains.

• ÉVOLUER SEUL

Comme aux autres allures, pour évoluer seul au galop, il faut :

- Maintenir le galop pour que le cheval ne se remette pas au trot ou au contraire, cherche à « prendre la main » en accélérant.
- Assurer la conduite avec ses mains.
- Garantir son propre équilibre et son aisance.

Chaque fois que tu changes de direction, le cheval doit changer de pied : galop à droite s'il tourne à droite, galop à gauche s'il tourne à gauche.

À ton niveau, tu peux remettre ton cheval au trot quelques foulées pour qu'il se mette au galop sur le bon pied après avoir changé de direction.

PLEINE NATURE

À l'extérieur, c'est généralement au galop, que le cheval se livre à des bonds de gaieté, fait des écarts ou accélère brusquement. Méfie-toi du premier galop de la journée. Choisis bien le terrain, en conservant une bonne visibilité afin de ne pas gêner d'autres promeneurs.

AU GALOP ••• PARTIR AU GALOP EN UN POINT PRÉCIS ET SUR LE BON PIED

• RAPPEL :

Naturellement, et pour des raisons d'équilibre, le cheval galope normalement sur le pied droit pour tourner à droite ; et inversement.
Dans un manège, le cavalier piste à main droite doit donc galoper sur le pied droit ; et inversement.
Mais sur une ligne droite, le cheval peut partir au galop sur le pied droit ou sur le pied gauche. C'est donc au cavalier de lui demander de galoper sur le pied choisi en disposant ses aides correctement.
Ne demande pas de départ au galop tant que le cheval n'est pas équilibré dans son allure et que tu ne contrôles pas sa vitesse.

• DÉPART AU GALOP À DROITE

Le cheval au trot doit disposer d'une bonne impulsion.

■ Préparation

Tu peux légèrement traverser le cheval avec une jambe isolée gauche (extérieure) qui pousse les hanches vers l'intérieur du manège (droite).
L'avant main est maintenue sur la piste avec les deux rênes ajustées.

■ Déclenchement du départ

Buste droit, commande avec les jambes le départ au galop à droite. Si le cheval rechigne, renforce l'action de tes aides. Ensuite, accompagne le mouvement du galop. Il te reste à vérifier que le cheval galope sur le bon pied.

■ Vérification

Ne te penche pas vers la droite, car le cheval pourrait changer de pied. Baisse simplement le regard pour constater que l'épaule droite prend de l'avance sur l'autre. Tu dois également sentir le mouvement de ton bassin de gauche vers la droite, et d'arrière vers l'avant.

GALOP 3 • Équitation

SAUTS ISOLÉS EN TERRAIN VARIÉ

RECHERCHER SON ÉQUILIBRE SUR LES ÉTRIERS

LES GRANDES FAMILLES D'OBSTACLES

- Les CAVALETTI sont des petits obstacles utilisés pour apprendre au cavalier à sauter.

Leur hauteur est généralement inférieure à 50 cm.

- Les OBSTACLES MOBILES de concours faits généralement de barres qui tombent en cas de choc.
- Les obstacles FIXES qui sont imposants : tronc, stère… En cross, ils peuvent être disposés dans des pentes.

- Les FRANCHISSEMENTS naturels qui ne comportent pas forcément de saut, telles que les difficultés naturelles rencontrées sur le P.T.V. (Parcours en Terrain Varié).

Dans cette épreuve, le couple est jugé sur la qualité du franchissement.

SAUTS ISOLÉS EN TERRAIN VARIÉ

RECHERCHER SON ÉQUILIBRE SUR LES ÉTRIERS

S'ÉQUILIBRER EN TERRAIN VARIÉ

Dans les **montées**, mets-toi en équilibre, en tenant éventuellement une poignée de crins si la pente est forte, car en restant en arrière, tu gênes le rein du cheval.

Dans les **descentes**, ralentis, redresse le buste en position verticale, mets-toi en appui sur les étriers. Tu peux t'appuyer avec les mains au niveau du garrot.

SAUTS ••• CONTRÔLER L'ALLURE À L'ABORD ET À LA RÉCEPTION

SAUTS ISOLÉS

Pour se familiariser avec le saut de petits obstacles, il est préférable de rester au trot.
Dans la **phase d'abord**, le cheval doit être calme et équilibré, sans tirer sur les rênes.

- Les jambes restent vigilantes au contact, entretiennent l'impulsion pour que le cheval ne soit pas tenté de refuser.
- Pour éviter que le cheval accélère, garde les mains au contact, prêtes à résister.

Si le cheval prend la main en accélérant brusquement, le moniteur te conseillera certainement de ne pas sauter, mais de mettre le cheval sur un grand cercle pour le ralentir et le rééquilibrer.

Après avoir franchi l'obstacle, le cheval doit conserver son allure sans ralentir, ni profiter d'un manque d'équilibre du cavalier pour accélérer.

EN TERRAIN VARIÉ

Les petits obstacles peuvent être enjambés au pas : tronc avec des branches par exemple. Dans les montées, évite de galoper. Reste au pas dans les descentes, pour que le cheval ne se laisse emporter par la pente, surtout si le sol n'est pas stable. Dans les passages boueux et profonds, laisse une importante liberté d'encolure au cheval car il a besoin de son balancier naturel pour s'équilibrer. Dans les parcours de CSO ou de cross, la vitesse est imposée en fonction du niveau de l'épreuve.

PLEINE NATURE

Ne demande pas à ton cheval de sauter si le terrain est glissant, boueux ou inversement très dur ou gelé. Il peut en effet déraper, particulièrement à la réception. Habitue le cheval à franchir les petits obstacles au pas et dans le calme. Laisse-lui l'encolure libre et s'il hésite, fais-lui suivre un cheval expérimenté.

SAUTS ••• CONDUIRE À L'ABORD ET À LA RÉCEPTION

Un cheval qui rechigne à sauter ou qui est mal conduit peut dérober dans les dernières foulées en passant à côté de l'obstacle. Généralement, il accélère en se sentant fautif.

SUR DES SAUTS ISOLÉS

Les oreilles, ou barre en biais disposées de part et d'autre de l'obstacle, aident à canaliser le cheval. Pour éviter une dérobade :

- Dans la phase d'abord, ne laisse pas le cheval zigzaguer. Il doit être encadré avec des rênes ajustées et des jambes au contact pour conserver son impulsion et lui manifester ton autorité.
- Aborde l'obstacle au milieu et perpendiculairement, car en sautant de biais, le cheval est tenté de dérober.
- Conserve un tracé rectiligne, même après la réception.

Si le cheval dérobe à droite par exemple, il faut l'arrêter au plus tôt, et le ramener sur l'obstacle par la gauche.

EN TERRAIN VARIÉ

- Les montées et les descentes, doivent être abordées de face, car de biais le cheval peut glisser sur le côté.
- Ne pénètre pas dans l'eau si tu ne connais pas la profondeur et la nature du fond.
- Il est préférable de marcher au fond d'une ornière car si les bords sont glissants, le cheval peut déraper ; en randonnée, si ton cheval porte des sacoches, tiens compte de sa « sur largeur » ; entre les arbres par exemple.

PLEINE NATURE

Le cheval éprouve des difficultés pour sauter un obstacle dans une pente. Quel que soit l'obstacle, aborde-le de face sans chercher à aller vite. Les petits obstacles peuvent être franchis à partir du pas ou du trot.

GALOP 3 • Soins

INSPECTION DES MEMBRES ET SOINS ÉLÉMENTAIRES AVANT ET APRÈS LE TRAVAIL

Le pansage du cheval se complète de certaines vérifications : blessures dues au harnachement, inspection des pieds, de la ferrure et des tendons.

• INSPECTION

Il faut curer les pieds avant et après le travail pour les quatre raisons suivantes :

- Dégager les lacunes.
- Nettoyer la sole en s'assurant qu'il n'y a pas de bleime (poche de sang due à des chocs) ni de blessure par « clou de rue » (perforation accidentelle de la corne).
- S'assurer que les fers ne sont pas trop usés et qu'ils sont solidement fixés aux sabots.
- Vérifier l'état de la corne (présence de seime), s'assurer que le pied n'est pas blessé et qu'il est froid (le toucher avec le dos de la main).

• SOINS

Une à deux fois par semaine, il faut graisser la corne pour conserver sa souplesse. Passe l'onguent de pieds avec un pinceau sur toute la paroi du sabot et sur la sole. Il est préférable de graisser au retour du travail pour que les frottements n'enlèvent pas la graisse.

• VÉRIFICATIONS MEMBRES ET PIEDS

En brossant le membre sur toute sa longueur, passe la main sur les genoux, les jarrets, les tendons et les boulets pour déceler une éventuelle chaleur anormale, un engorgement (partie enflée) ou une sensibilité inhabituelle. Le pied peut également souffrir d'une atteinte due à un choc.
Vérifie également que les plis des paturons ne présentent pas de crevasses.

INSPECTION DES MEMBRES ET SOINS ÉLÉMENTAIRES AVANT ET APRÈS LE TRAVAIL

• SOINS

Au retour du travail, douche les membres pour les nettoyer. Le jet d'eau masse également les tendons sur les deux côtés. Sèche ensuite soigneusement les plis des paturons pour éviter la formation de crevasses.

• RESTE DU CORPS

Les zones qui peuvent être blessées par le harnachement sont :

- Les parties de la **tête** en contact avec les montants du bridon, la zone située sous la muserolle, et les parties de la bouche en contact avec le mors.
- Vérifie que la partie du **corps** en contact avec la selle, particulièrement au niveau du **garrot**, n'est pas blessée. La peau fripée ou la présence d'une boule (gonfle) doit être signalée.
- Vérifie avec soin que le **passage de sangle** n'a pas été blessé par la sangle.
- Des éperons ont pu également blesser les **flancs**.

• PRÉCAUTIONS APRÈS LE TRAVAIL

Si le cheval a été monté longtemps, en randonnée par exemple, ne desselle pas dès l'arrivée pour éviter la formation d'une gonfle. Dessangle de deux trous et marche quelque temps (il faut attendre que la circulation du sang se soit rétablie normalement) avant d'enlever la selle. Tu peux le bouchonner pour réactiver la circulation du sang sous la selle.

- Ne laisse pas un cheval dessellé sous la pluie ou dans le vent. Mets-lui une couverture.

PLEINE NATURE

Les parties du cheval situées sous la selle et au niveau du passage de sangle, doivent être soigneusement inspectées chaque soir à l'arrivée de l'étape. Si tu constates un début de blessure, une usure anormale des poils, préviens un responsable.

INSPECTION DES MEMBRES ET SOINS ÉLÉMENTAIRES AVANT ET APRÈS LE TRAVAIL

- S'il est mouillé, il faut le bouchonner longuement avec une poignée de paille sèche (ou des serviettes) pour le sécher et activer la circulation du sang.

Ne le laisse pas boire trop d'eau froide d'un seul trait. Fais-le boire en plusieurs fois

- Lorsque le temps le permet, tu peux le doucher entièrement et essorer ensuite son poil avec le couteau de chaleur.

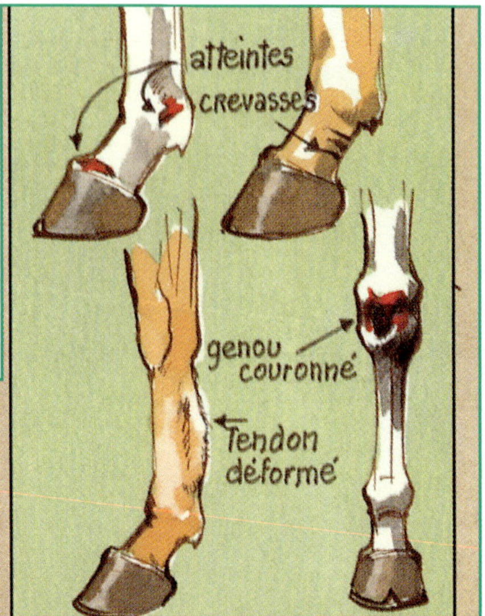

ENTRETENIR UNE LITIÈRE

La litière isole le cheval du froid, assure son confort lorsqu'il se couche et absorbe ses urines. La litière traditionnelle est faite de paille qui peut être remplacée par d'autres matières absorbantes comme les copeaux, le lin, etc.
En grignotant la paille de sa litière, le cheval occupe son ennui et améliore son lest intestinal (fibres prenant du volume dans le tube digestif) comme il le ferait en pâture en broutant de l'herbe.

• COMMENT ENTRETENIR LA LITIÈRE

- Chaque matin, il faut retirer les crottins et enlever avec la fourche la paille souillée. Remettre de la paille propre en disposant un bourrelet le long des murs du box. Cela s'appelle « pailler en bateau ».
- Le soir, et éventuellement à la mi-journée, enlever les crottins ou les mettre dans un coin, et reformer le bourrelet le long des murs, avec de la paille propre.
- Le jour de repos, c'est-à-dire généralement une fois par semaine, curer le box à fond, gratter le fumier collé sur le sol et laver éventuellement le sol en le désinfectant.

Chaque club a ses habitudes, certains curent les boxes à fond deux fois par semaine, mais n'ajoutent pas de paille fraîche chaque jour.

• INSTRUMENTS UTILISÉS

Les instruments traditionnels sont :
- La fourche, qui sert à manier la paille et le fumier.
- La raclette, qui gratte le sol du box.
- Le balai et le râteau à paille nettoient les allées.
- La brouette ou un engin mécanique sert à transporter la paille et le fumier.

PLEINE NATURE

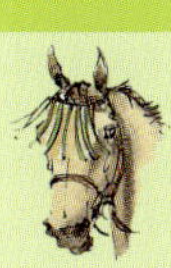

En quittant le gîte de randonnée, rassemble la paille souillée et fais en un tas. Il sera plus facile de nettoyer les box ou les stalles.

AJUSTER LE HARNACHEMENT

Les harnachements sont réglables, car les têtes des chevaux ne sont pas toutes identiques.

• AJUSTAGE DU FILET

Les montants :
La hauteur du mors dans la bouche du cheval se règle avec les montants. Le réglage est correct lorsque le mors est en contact avec les commissures des lèvres sans les comprimer. Les deux montants se règlent à la même longueur.

La sous-gorge :
Elle ne doit en aucun cas comprimer la gorge. Elle est bouclée en laissant la valeur d'un poing entre elle et la gorge.

Le frontal ne se règle pas, mais il ne doit ni serrer le front, ni bailler.

Le mors de filet :
Sa longueur dépend de la taille de la bouche du cheval. Elle est correcte, lorsqu'il dépasse de quelques millimètres de chaque côté de la bouche.

La muserolle :
Elle sert à limiter l'ouverture de la bouche. Son réglage dépend du modèle :
- la muserolle française prend place à deux doigts des apophyses zygomatiques. elle n'est pas serrée.
- la muserolle allemande se boucle en avant du mors. Elle maintient la bouche fermée sans la comprimer ni gêner les naseaux.
- La muserolle combinée est bouclée de part et d'autre du mors sans comprimer la bouche

PLEINE NATURE

En randonnée, il est pratique de laisser un licol léger sous le bridon et de nouer la longe autour de l'encolure. Tu peux alors attacher le cheval avec la longe.

POURQUOI CHANGER DE BIPÈDE DIAGONAL AU TROT ENLEVÉ ?

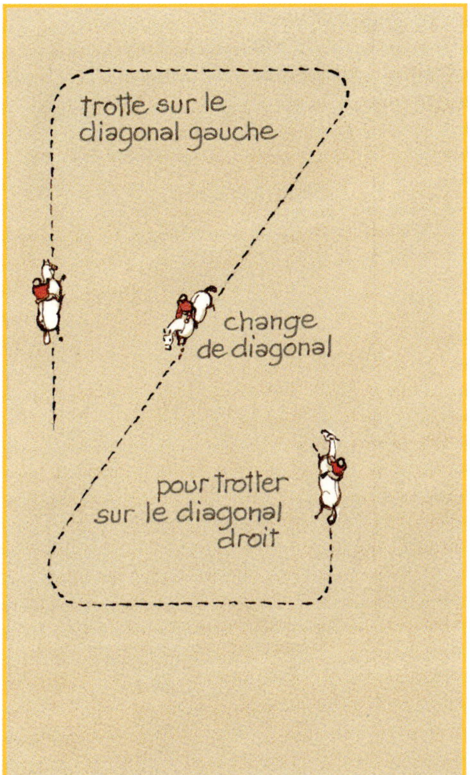

Le cavalier est amené à changer le diagonal sur lequel il trotte pour plusieurs raisons :

EN MANÈGE OU EN CARRIÈRE

Pour des raisons d'équilibre, il faut trotter sur le bipède diagonal extérieur (côté pare bottes). Tu dois donc changer de diagonal à chaque changement de main. Sur la diagonale, le changement se fait au point X.

À L'EXTÉRIEUR

En promenade, il faut éviter de trotter constamment sur le même diagonal.
Pense à changer régulièrement, pour équilibrer la fatigue des épaules du cheval.

COMMENT CHANGER DE DIAGONAL ?

Tout en restant au trot enlevé, il suffit de rester assis (ou en l'air), pendant deux temps d'affilée pour changer de diagonal.

PLEINE NATURE

Lorsqu'au trot on change de diagonal, le cheval a besoin de deux à trois foulées pour se rééquilibrer. De nombreux chevaux sont plus à l'aise sur un diagonal que sur l'autre lorsque le cavalier trotte enlevé. Pour équilibrer le travail du cheval, il faut changer régulièrement de diagonal.

NOTIONS DU RÔLE DE LA FERRURE

Le cheval monté sur toutes sortes de terrains doit être ferré pour protéger la corne de l'usure.
Les fers sont adaptés à la forme de chaque pied par le maréchal ferrant. La ferrure comprend également le parage des pieds (taille de la corne) qui doit respecter les aplombs naturels du cheval.

DESCRIPTION DU FER

- Le fer présente deux branches : externe et interne. Chaque branche a une rive externe et une rive interne. La distance entre les rives se nomme la couverture.
- Le fer a deux faces : supérieure, en contact avec le sabot et inférieure en contact avec le sol. Les trous de la face supérieure se nomment les contre-perçures. À la face en contact avec le sol, les étampures reçoivent les têtes des clous. Une branche du fer est « étampée à gras », lorsque les étampures sont éloignées de la rive externe. Dans le cas contraire, elle est « étampée à maigre ». L'épaisseur du fer est comprise entre les deux faces.
- Le pinçon est le petit triangle de métal qui renforce la tenue du fer.
- Les fabricants proposent des fers de tailles et de modèles différents, suivant les chevaux et les utilisations.

DIFFÉRENCES ENTRE FER ANTÉRIEUR ET FER POSTÉRIEUR

- Pinçon : le fer antérieur n'en a qu'un, alors que le postérieur en a généralement deux sur les côtés.
- Forme : le fer antérieur est arrondi alors que le postérieur est plus ovale.

DIFFÉRENCES ENTRE FER DROIT ET FER GAUCHE

- La pointure est généralement marquée à l'extrémité de la branche externe.

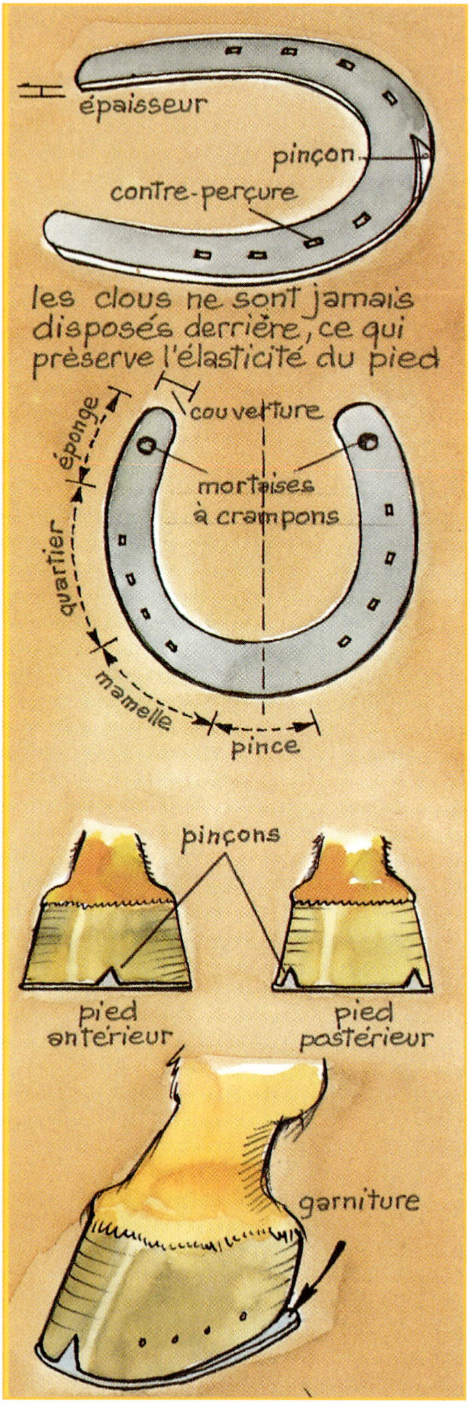

NOTIONS DU RÔLE DE LA FERRURE

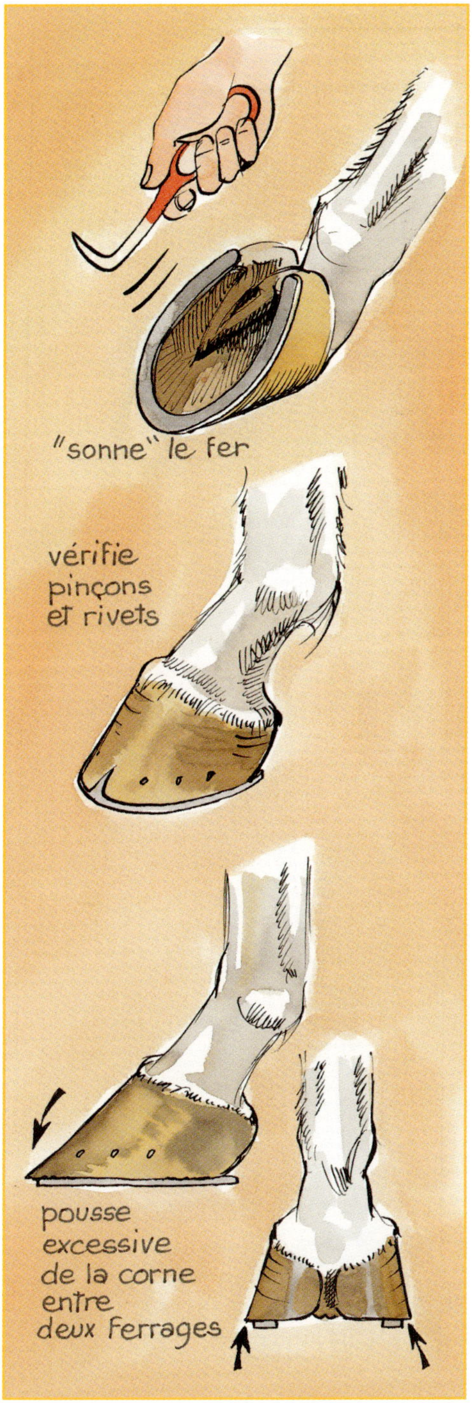

- La branche externe est légèrement plus allongée et plus arrondie que l'autre.
- La branche externe est étampée plus à gras que la branche interne.

COMMENT APPRÉCIER L'ÉTAT DE LA FERRURE

Soulève tour à tour les quatre pieds et vérifie les points suivants :

TENUE DU FER

« Sonne » le fer en le frappant avec un cure-pied : toute vibration est suspecte.
Assure-toi que les rivets et les pinçons sont solidement rabattus contre la corne et que le fer ne bouge pas. En marchant sur la route, tu peux entendre le bruit d'un fer qui vibre. Vérifie aussi que les têtes des clous n'ont pas traversé le fer s'il est trop usé.

USURE DU FER

Pour chaque fer, recherche la zone la plus usée, car c'est là que le fer va lâcher. Note que les antérieurs s'usent en priorité en pince (partie située devant). Pour un même travail, certains chevaux usent leurs fers plus rapidement que les autres. De nombreux poneys, qui évoluent sur des terrains souples, ne sont pas ferrés mais il faut vérifier régulièrement que la corne ne pousse pas de travers (aplomb correct).

POUSSE DE LA CORNE

La corne protégée par le fer, continue à pousser. Les sabots ont donc tendance à s'allonger, ce qui fatigue les tendons. L'excès de corne d'un « pied trop long » peut également dépasser inégalement sur les côtés du fer, ce qui nuit à l'aplomb et fatigue les membres. La corne pousse plus rapidement par temps chaud, et lorsque le cheval travaille régulièrement.

DESCRIPTION EXTERNE DE LA TÊTE ET DES MEMBRES

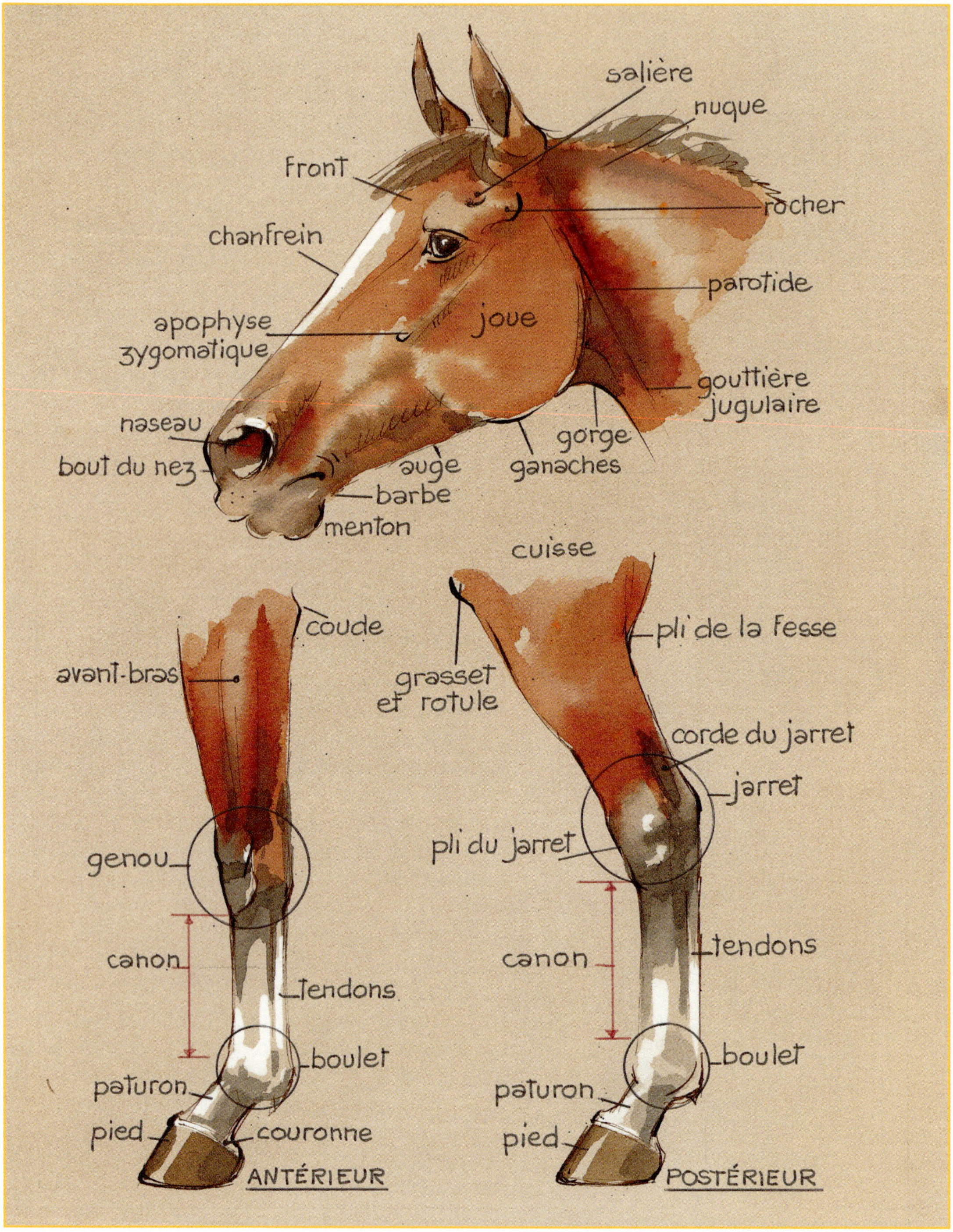

DESCRIPTION EXTERNE DE LA TÊTE ET DES MEMBRES

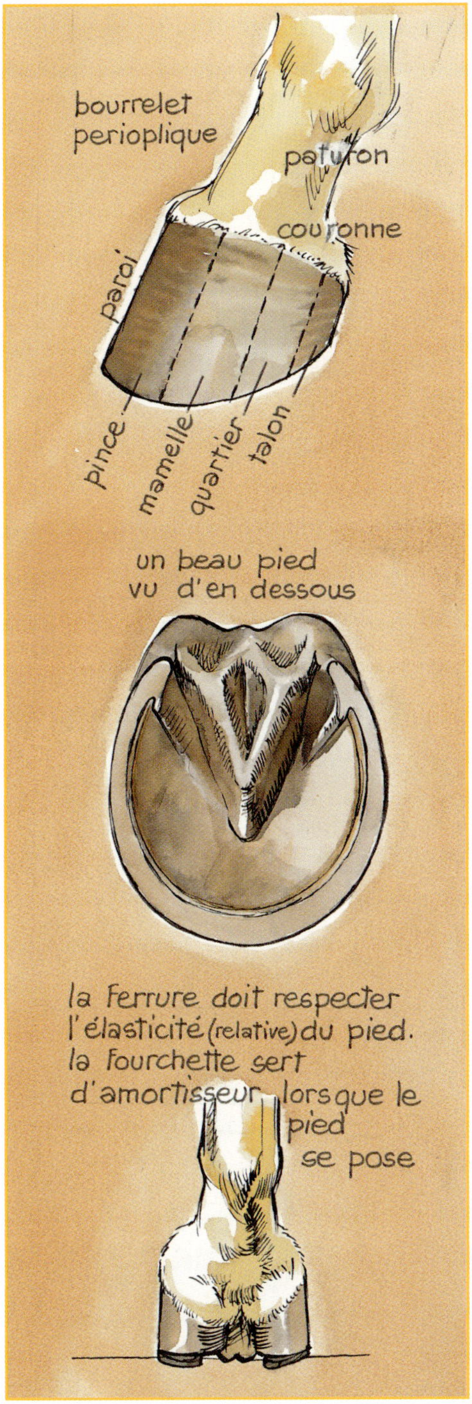

• LE PIED

Les chairs vives du pied sont protégées par une enveloppe de corne insensible tout comme nos ongles : le sabot.
Le pied est conformé pour amortir les chocs.

• L'EXTÉRIEUR DU PIED

- La **paroi** ou muraille est la partie visible du sabot, lorsque le pied est posé. La corne pousse à partir du bourrelet principal tout autour de la couronne, à raison d'environ un centimètre par mois ; c'est l'avalure. La paroi est divisée en quatre régions : pince, mamelle, quartier et talons (avec les arc-boutants).

- Le **bourrelet périoplique** (ou périople) est une bande située au-dessus de la paroi. Il sécrète un vernis qui protège la corne du dessèchement et de l'excès d'humidité. Tu peux observer ce vernis naturel sur la partie supérieure du sabot.

- La **face plantaire**, située sous le pied, comprend :
  - Sous le pied, la sole en forme de voûte, est constituée de corne flexible moins dure que la paroi.
  - La fourchette entre les barres, se prolonge par les glomes. Les vides latéraux se nomment lacunes latérales. Le creux du milieu est la lacune médiane.
  - Les talons et la fourchette s'écartent lorsque le pied vient à l'appui sur le sol, ce qui forme le mécanisme d'amortissement du pied.
  - La ligne d'union entre la paroi et la sole se nomme sillon circulaire ou ligne blanche.

PLEINE NATURE

Un cheval de randonnée doit avoir de bons pieds, car sans une corne de qualité, les fers ne tiennent pas correctement en place. Lorsque le temps est sec, il faut graisser régulièrement la corne.

GALOP 3 • Connaissances

NOTIONS SUR LES ALLURES (VITESSE, MÉCANISME)

GALOP 3 • Connaissances

NOTIONS SUR LES ALLURES (VITESSE, MÉCANISME)

Le cheval dispose de trois allures naturelles pour se déplacer : le pas, le trot et le galop.
En décrivant l'ordre dans lequel les pieds se posent, on commence par un membre postérieur engagé, au moment où il est à l'appui.

Explications :

- Une allure est dite marchée, lorsqu'un membre est toujours à l'appui. Elle est dite sautée lorsque pendant la suspension, aucun membre ne touche le sol.
- Une allure est symétrique lorsque les mouvements de ses membres gauches, sont répétés de la même manière du côté droit.
- On nomme bipède, l'association de 2 pieds.

• LE PAS

À l'état naturel, le cheval se déplace la plupart du temps au pas. C'est l'allure la plus lente : environ 6 à 7 km par heure (environ 110 m à la minute). Le pas est une allure marchée, symétrique, à quatre temps égaux. Au pas, le cheval fait entendre quatre battues équidistantes.

• LE TROT

La vitesse du trot est environ le double de celle du pas : 14 à 15 km par heure (environ 240 m à la minute). Le trot est l'allure habituelle de travail. Le trot est une allure sautée, symétrique, à deux temps égaux, correspondant aux battues des deux diagonaux.

• LE GALOP

C'est l'allure la plus rapide, environ le triple de celle du pas : entre 20 et 30 km par heure (400 à 450 m à la minute), avec des pointes qui peuvent atteindre 60 km par heure en course. Le galop est une allure sautée et basculée, dissymétrique, à trois temps inégaux suivis d'une période de projection. Le cheval peut galoper à droite ou à gauche suivant le bipède latéral qui prend de l'avance sur l'autre.

GALOP 3 • Connaissances

LES AIDES DU TOURNER

Suivant le niveau d'équitation du cavalier et le degré de dressage du cheval, les « actions de mains » sont variables.
Pour établir un contact qui lui permet de communiquer avec sa monture, le cavalier doit ajuster ses rênes.

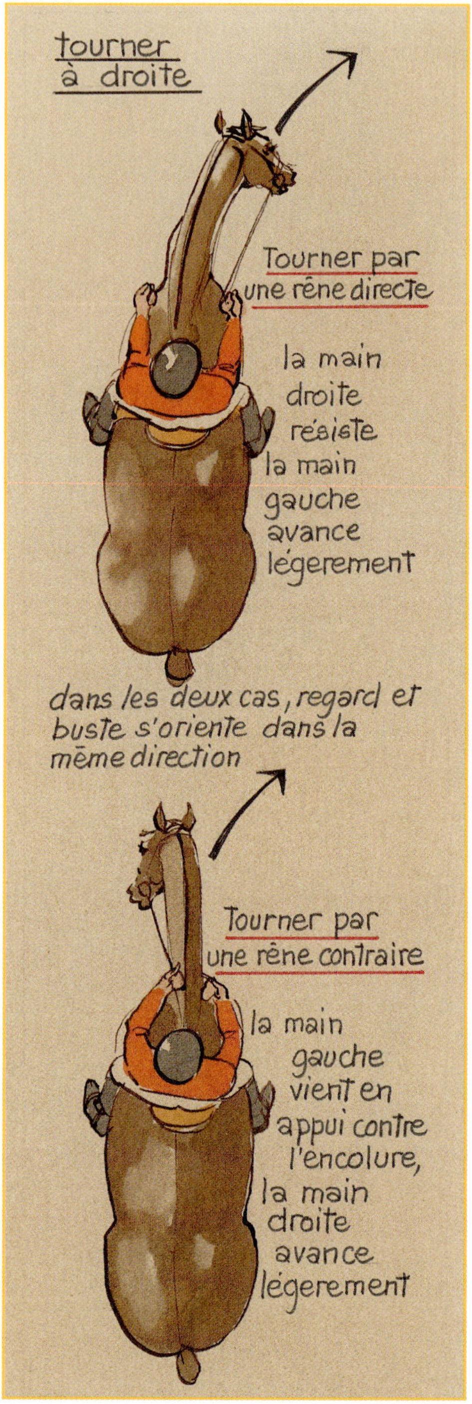

• UNE OU DEUX MAINS ?

Tu peux tourner soit :
- En ayant une rêne dans chaque main.
- En tenant les deux rênes dans une seule main.

• EFFET DIRECT OU EFFET CONTRAIRE ?

Le cavalier peut faire tourner son cheval soit
- Avec un effet direct : le cheval dans ce cas s'incurve dans la direction où il tourne (la rêne d'ouverture est un effet direct).
- Avec un effet contraire : le cheval tourne dans un sens en orientant sa tête et son encolure dans le sens contraire. On peut également parler de rêne d'appui.

• TOURNER AVEC UNE RÊNE DANS CHAQUE MAIN

En dirigeant ton regard et en pivotant légèrement ton buste dans le sens où tu veux tourner, tu indiques déjà au cheval ton désir de prendre une direction donnée.

• EFFET DIRECT
Tourner à droite avec la main droite.
Pour tourner à droite par exemple :
- Dirige ton regard vers la droite et pivote légèrement ton buste dans ce sens.
- Tout en tournant les ongles de la main droite vers le haut, la main droite se porte vers la droite et la main gauche avance, pour permettre à l'encolure de s'incurver vers la droite
- Tes jambes entretiennent l'impulsion.
- Le cheval tourne à droite avec un effet direct de la rêne droite.

LES AIDES DU TOURNER

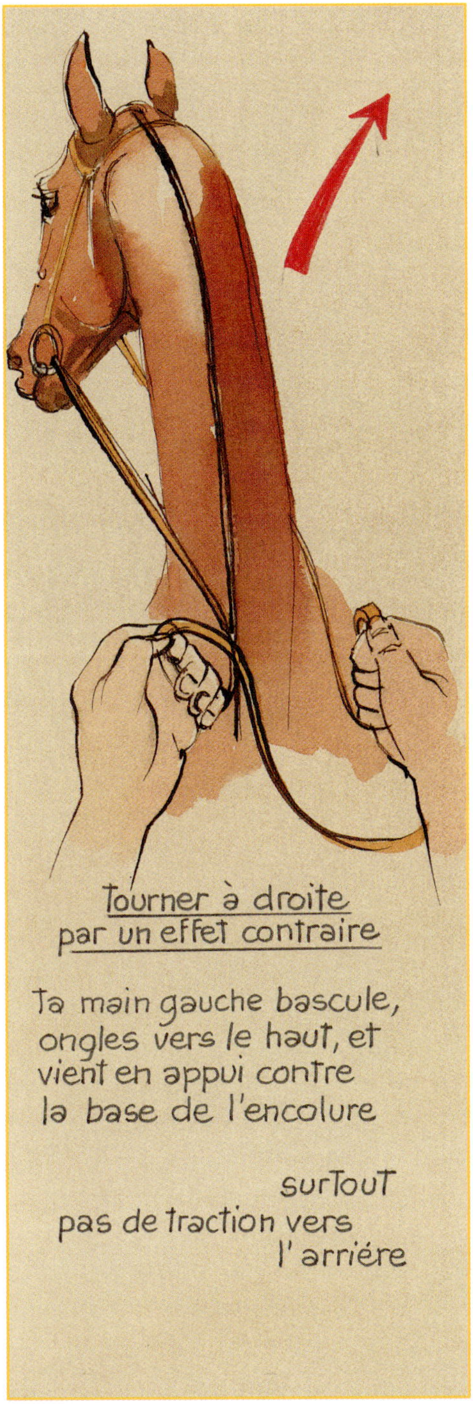

Pendant le tourner, la ligne de tes épaules est restée parallèle à celle du cheval.
À la fin du tournant, reprends ta position normale.

● EFFET CONTRAIRE

Tourner à droite avec la main gauche.
Pour tourner à droite, tu peux également te servir de ta main gauche qui agit par un effet contraire.

- Comme pour l'effet direct, ton regard doit s'orienter dans le sens où tu veux tourner.

Pivote également ton buste dans ce sens.

- La main gauche après avoir porté ses ongles vers le haut, se déplace vers la droite et vers l'avant, pour venir en appui contre la partie supérieure de l'encolure qui s'incurve vers la gauche. Cette main gauche, ne doit pas dépasser l'axe de l'encolure.
- La main droite avance légèrement pour permettre à l'encolure de s'incurver vers la gauche.
- Tes jambes entretiennent l'impulsion car le cheval a tendance à ralentir.
- Le cheval tourne alors à droite par un effet contraire de la main gauche.

Pendant le tourner, la ligne de tes épaules est restée parallèle à celle du cheval.
À la fin du tournant, reprends ta position normale.

● TOURNER AVEC LES DEUX RÊNES DANS UNE MAIN

Pour tourner à droite avec les deux rênes dans une main, regarde vers la droite, pivote tes épaules dans ce sens et porte la main qui tient les deux rênes dans la direction où tu veux tourner.
Les jambes entretiennent l'impulsion du cheval qui tourne dans ce cas avec un effet contraire.

PLEINE NATURE

En équitation d'extérieur comme en équitation américaine, le cavalier se sert souvent d'une « rêne d'encolure » qui agit en avant du garrot. Les deux rênes relativement longues, sont tenues dans une seule main.

GALOP 3 • Topo orientation

TERRAIN, CARTE ET BOUSSOLE

• TERRAIN : PRISE DE CONSCIENCE DU RELIEF ET DE LA VÉGÉTATION

• LA VÉGÉTATION

Sur la carte, la couleur verte représente la végétation : forêts, broussailles, plantations particulières. Des petits signes conventionnels indiquent même le type de forêt : bois de feuillus, de conifères etc.

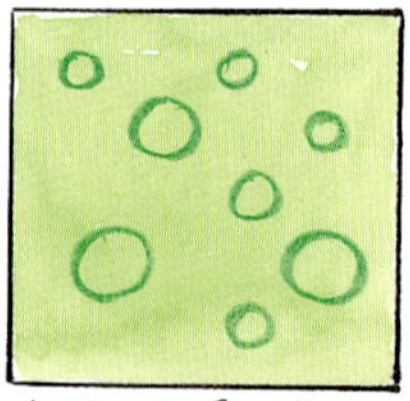

• LE RELIEF

Les bosses et les creux qui forment le relief, sont représentées sur la carte par :

- des lignes oranges appelées courbes de niveau. Ce sont des lignes imaginaires qui relient tous les points de même altitude.
- les altitudes figurent également sur des points caractéristiques : points culminants, carrefour etc.

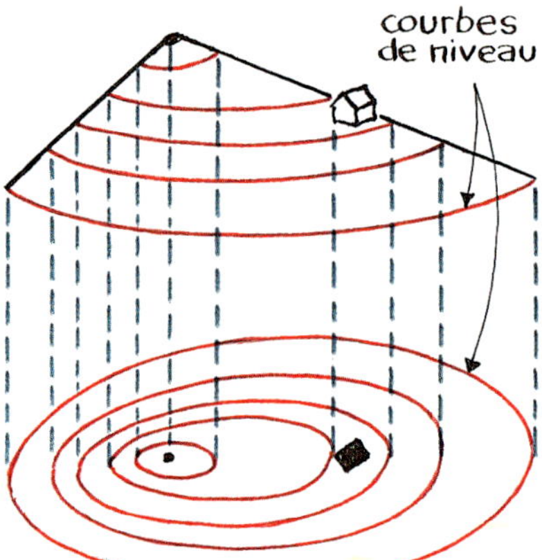

• RAPPROCHEMENT AVEC LA CARTE

Voici un extrait de carte avec les indications concernant certains signes conventionnels. Sur la carte de ta région, entraîne-toi à retrouver les éléments que tu connais sur le terrain : routes, églises etc. Réfère-toi au tableau des signes conventionnels qui figure en marge de la carte.

PLEINE NATURE

Les altitudes qui figurent sur la carte, sont mesurées à partir du niveau moyen de la mer, toutes les altitudes françaises sont déterminées à partir de ce niveau 0.

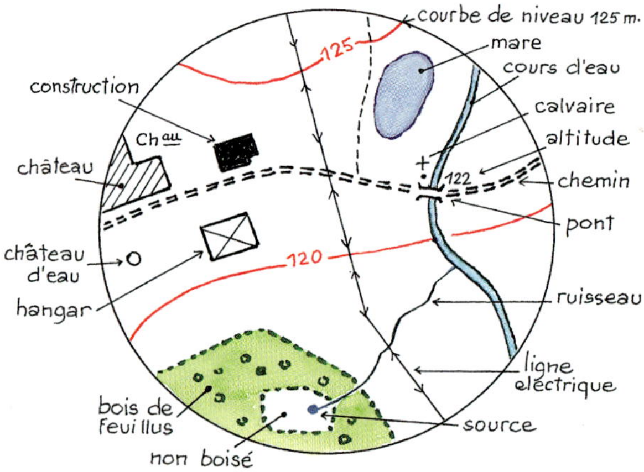

GALOP 3 • Topo orientation

TERRAIN, CARTE ET BOUSSOLE

LA CARTE

Pour réussir ton galop 3, tu dois être capable d'orienter une carte en te servant d'éléments situés autour de toi. Voici comment procéder :

- situe sur la carte l'endroit où tu es : point A
- choisis au loin, un élément bien caractéristique comme un clocher par exemple et retrouve-le sur la carte : point B.
- Tourne ensuite la carte, jusqu'à ce que la ligne AB soit dirigée vers le clocher.

La carte est alors orientée. Le nord est dirigé vers le haut de la carte. Tu peux vérifier avec d'autres éléments.

Pour faciliter la visée, tu peux poser un crayon à plat sur la carte, le long de la ligne AB.

LA BOUSSOLE

L'aiguille magnétique de la boussole est attirée par le nord. Attention à ce qu'elle ne soit pas déviée par une masse métallique proche, et qu'elle puisse tourner librement.

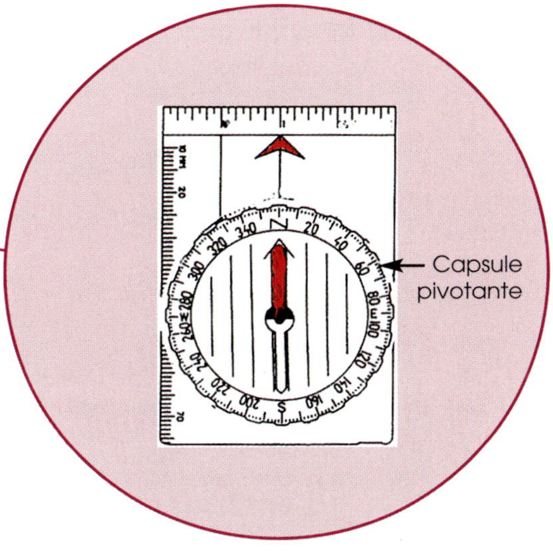

GALOP 3 • Connaissance du milieu

APPROCHE DE LA FAUNE SAUVAGE

Même si tu ne les vois pas, les animaux sont nombreux dans la nature, particulièrement en forêt. Ils laissent de nombreuses traces de leur passage : crottes, empreintes, etc. Avec un peu de chance, tu peux apercevoir de grands animaux au détour d'un chemin ou dans le sous-bois.

APPROCHE DE LA FAUNE SAUVAGE

Les animaux ont leurs habitudes. S'ils ne sont pas dérangés, ils restent souvent sur le même territoire et empruntent les mêmes passages. C'est tôt le matin ou au crépuscule que tu as le plus de chance de les voir. En effet, de nombreux mammifères sont très actifs la nuit et se cachent le jour. Voici les principales traces que tu peux découvrir avec un peu d'observation.

Les coulées sont des sortes de sentiers formés par le passage répété d'animaux. Elles se dirigent généralement vers les terriers et on y trouve de nombreuses empreintes. Les lapins rongent à ras tout ce qu'ils y rencontrent. Ils laissent des poils et de petites crottes rondes. Les grands animaux comme les cerfs et les sangliers laissent des empreintes bien marquées, surtout sur les sols humides ou dans la neige.

Particulièrement en hiver le long des petites routes de campagne, le sol est parfois comme labouré. C'est le travail des sangliers qui cherchent des vers et des larves dont ils sont friands.

Les cerfs et les chevreuils aiment ronger l'écorce tendre des arbres et les jeunes pousses. Il leur arrive d'abîmer l'écorce en frottant les troncs avec leurs bois.

EN SAVOIR PLUS

Les renards, les blaireaux, les lapins, les marmottes et autres petits mammifères vivent dans des terriers. Certains ne sortent que la nuit. Tu peux observer de nombreuses empreintes à l'entrée du terrier.

RESPECT DE L'ENVIRONNEMENT

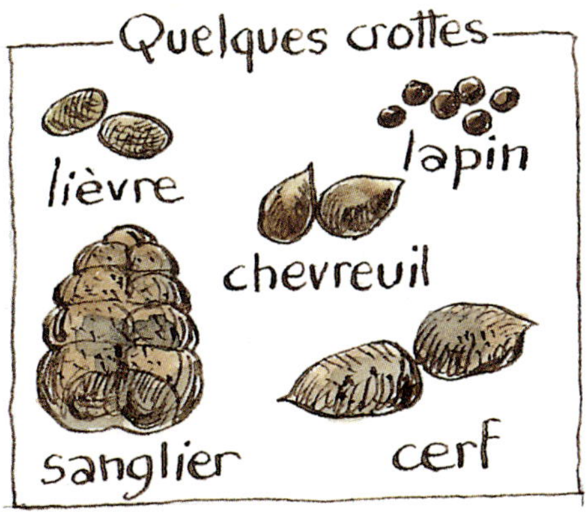

DANGEREUX !

Sais-tu qu'un chevreuil peut mourir parce qu'il a mangé la cendre et le tabac d'un cendrier vidé en forêt ? Un produit gras versé dans une mare peut s'étendre sur une grande surface empêchant le contact de l'oxygène de l'air avec l'eau !

Si tu vois tomber des écailles provenant de cônes d'épicéa, lève la tête. Un écureuil n'est pas loin et mange les graines situées sous les écailles des cônes.
Renards, blaireaux et lapins vivent dans des terriers. Ceux des renards et des blaireaux se ressemblent, mais celui du renard sent mauvais. Les terriers du lapin sont beaucoup plus petits. Ils sont creusés dans des sols sablonneux. Les ouvertures des terriers de marmottes, sont souvent situées sous une grosse pierre.

Les animaux sauvages laissent de nombreux excréments que tu peux reconnaître avec un peu d'habitude. Ils changent d'aspect suivant la nourriture de l'animal, les saisons etc.

NOTIONS DE RESPECT DE L'ENVIRONNEMENT

Que tu sois à pied ou à cheval il faut respecter la nature. Voici les principales règles de bonne conduite :

- dans les parcs nationaux, il est interdit de prélever des plantes et même de cueillir des fleurs,
- ne quitte pas les chemins autorisés, car les chevaux abîment les plantes en les piétinant,
- ne fais pas de bruit inutile, car cela dérange les animaux,
- les chiens doivent être tenus en laisse ou rester à côté des chevaux pour qu'ils ne gênent pas les animaux,
- ne touche jamais à un petit animal, sous prétexte qu'il est abandonné : sa mère est cachée tout près,
- les odeurs comme la fumée, dérangent les animaux,
- ne jette rien dans l'eau ou par terre,
- ne grave rien sur les écorces des arbres et ne laisse pas les chevaux les ronger,
- il ne faut pas fumer dans la forêt, car des incendies sont à craindre.

GALOP 3 • Pratique

PARCOURS DE L'ÉDITION OFFICIELLE 2001

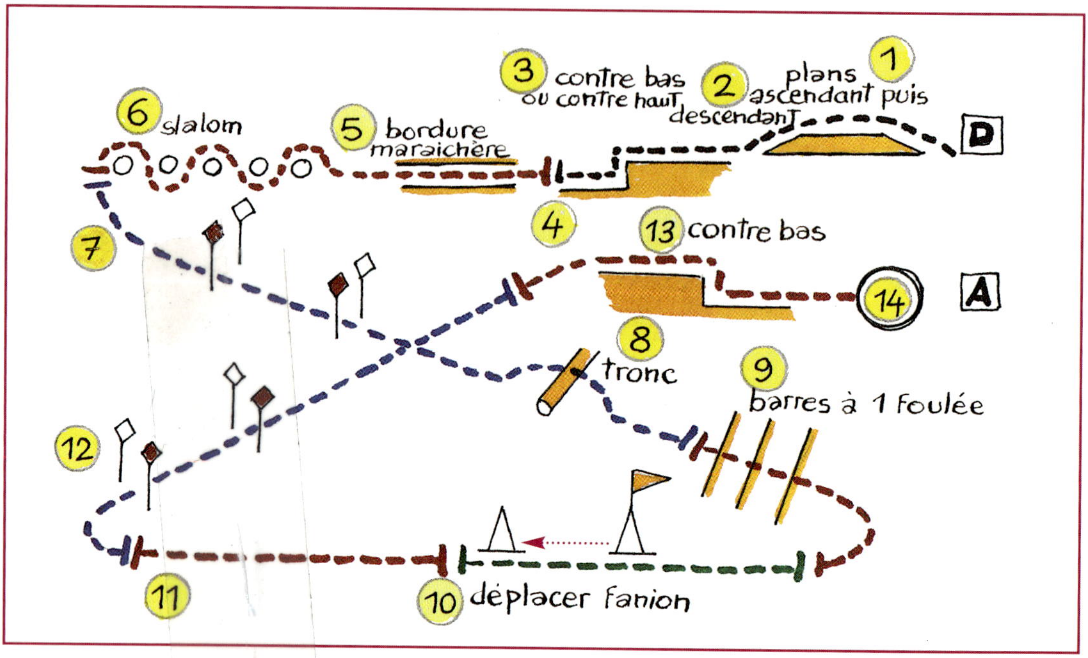

PÉNALITÉS (voir aussi page 1)

■ **En main**

- ✖ Cheval qui dépasse le cavalier
- ✖ Cheval qui bouscule le cavalier

■ **À cheval**

- ✖ Touché de barre
- ✖ Départ manqué rectifié
- ✖ Refus
- ✖ P.O. non passé
- ✖ Changement d'allure non rectifié
- ✖ Porte ou P.O. manqué
- ✖ Départ au galop non rectifié
- ✖ Toute difficulté non faite
- ✖ Toute brutalité et attitude dangereuse pour le cavalier, le cheval ou l'environnement entraîne l'élimination.

Allures
Noir = en main
Vert = pas
Rouge = trot
Bleu = galop

Notation : total minimum exigé pour l'obtention du Galop 12/14

Ne pas le laisser dépasser !

Pénalité !

Pas assez de jambes !

Mieux canaliser !

Pas de brutalité !

Pauvre cheval !

GALOP 3 • Pratique

GRILLE DE NOTATION

Allure	N°	Difficultés	note 1 ou 2		Dessin	Points essentiels
En main	1	Plan ascendant (30 ° sur 3 m minimum)				Progression régulière dans l'axe médian, le cheval doit suivre le cavalier en toute sécurité.
	2	Plan descendant (30° sur 3 m minimum)				Progression régulière dans l'axe médian, le cheval doit suivre le cavalier en toute sécurité
	3	Contrebas et contre-haut (hauteur 0,5 à 0,6 m, front 3 m minimum). Montoir avec avantage.				Le cheval ne doit ni pousser, ni devancer le cavalier. Passer l'obstacle avec franchise et respect de la sécurité. Ne pas tirer sur les rênes ou sur la longe. Cheval calme au montoir.
Pas		Pas puis transition trot enlevé				Transition franche et sans brusquerie. Aides discrètes.
Trot enlevé	4	Trot avec 2 changements de diagonale sur 20 à 30 m.				Changement discret et efficace de bipède diagonal.
Trot assis	5	Bordure maraîchère (longueur 8 m, largeur 0,8 m)				Rester dans le couloir sans toucher les barres. Progression régulière dans le calme.
	6	À 10 m, slalom de 5 piquets, intervalle 5 m				Conduite souple et discrète et allure régulière. Ne pas toucher les fanions et ne pas trop s'en écarter.
Galop	7	Départ au galop à gauche sur un demi-cercle de 15 m de diamètre et maintenir le galop sur une ligne droite de 30 à 50 m (2 P.O.)				Aides discrètes pour le départ au galop sur le bon pied. Conserver le cheval sur la ligne droite, avec un galop régulier.

GRILLE DE NOTATION

Allure	N°	Difficultés	note 1 ou 2		Dessin	Points essentiels
Galop	8	Tronc (hauteur 0,6 à 0,8 m, front 4 m mini)				Franchissement dans l'axe : équilibre et impulsion. Position correcte du cavalier, qui ne doit pas gêner le cheval.
Trot	9	Dans les 15 m, passer 3 barres au sol (intervalle : 1 foulée)				Passer les barres au milieu sans les toucher. Ne pas gêner le cheval qui doit respecter ses foulées régulières.
Pas	10	À 15 m, déplacer un fanion sur 5 m (haut du fanion : 1,5 m)				Le cheval doit être confiant. Le déplacement du fanion doit se faire dans le calme.
Trot	11	Trot avec 2 changements de diagonal sur 20 à 30 m				Changement discret et efficace de bipède diagonal.
Galop	12	Départ au galop à droite sur un demi-cercle de 15 m de diamètre et maintenir le galop sur une ligne droite de 30 à 50 m (2 P.O.)				Aides discrètes pour le départ au galop sur le bon pied. Conserver le cheval sur la ligne droite, avec un galop régulier.
Trot	13	Contrebas (hauteur 0,5 à 0,6 m, front 4 m mini)				Franchissement régulier dans l'équilibre et l'impulsion. Position correcte du cavalier qui ne doit pas gêner le cheval, surtout à la réception.
	14	Arrêt dans un cercle de 3 m de diamètre				Cheval immobile, les quatre pieds restant dans le cercle.
		TOTAL				

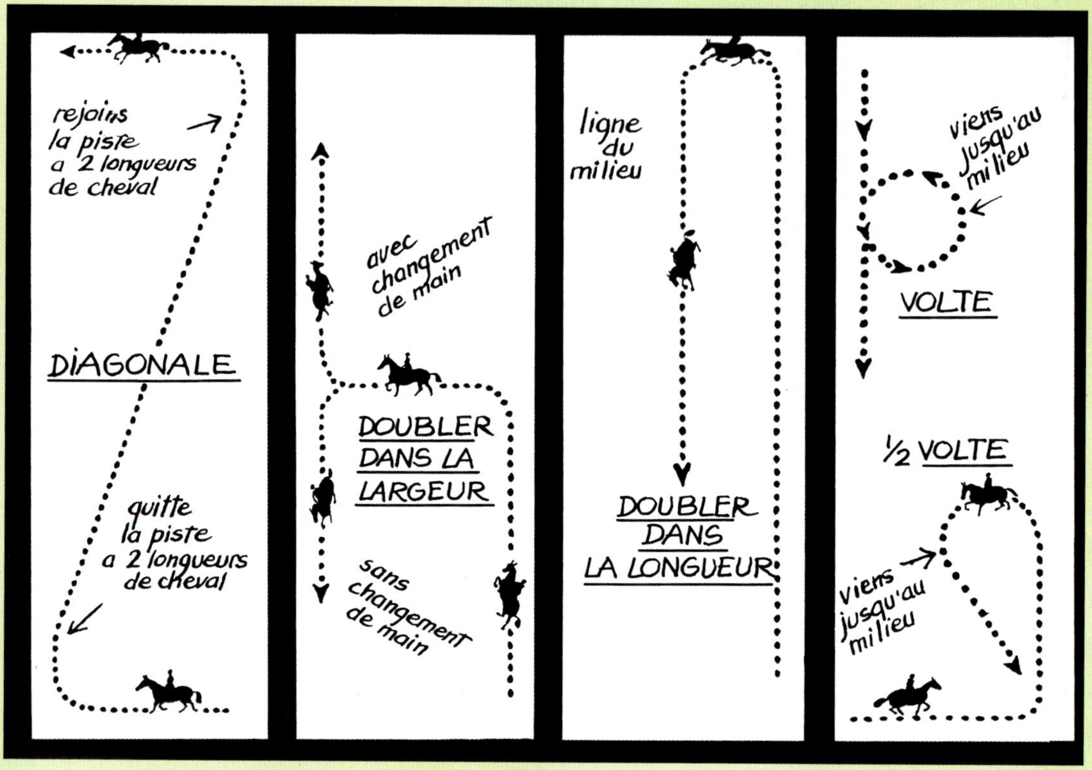

les phases du saut

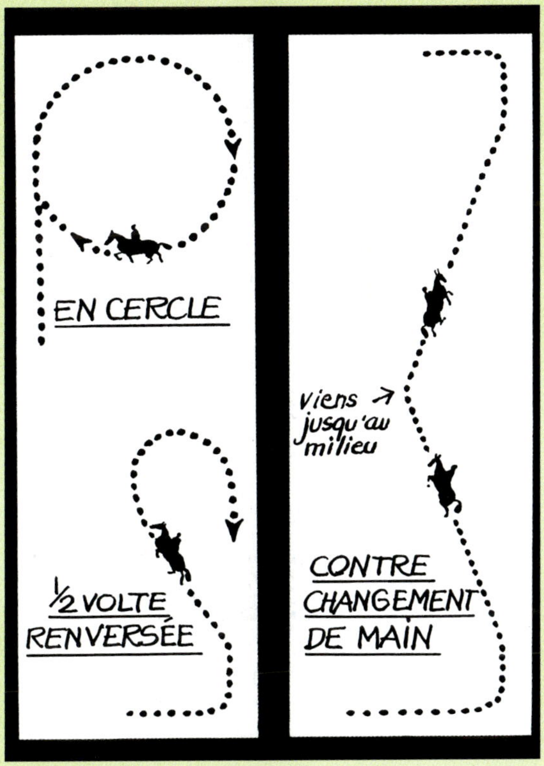

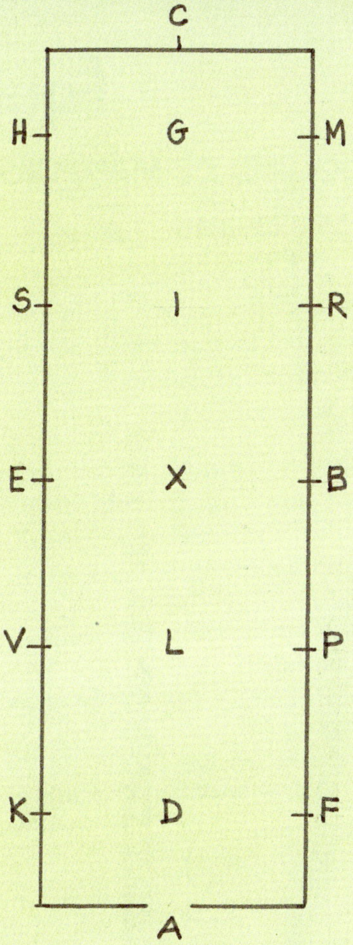

les lettres qui servent de repères

battue des postérieurs

battue des antérieurs

GALOP 4 • Équitation

LES FIGURES DE MANÈGES

Le cavalier possédant une bonne connaissance : de l'entretien, des besoins, de la locomotion et du comportement de sa monture, doit être autonome aux trois allures, en terrain varié et dans l'enchaînement des sauts.

Sur la piste, les cavaliers qui tournent vers la droite marchent piste « piste à main droite » ; et inversement.

À la fin du doubler, il faut garder la même main, sauf indication contraire.

Les figures peuvent être exécutées :

- individuellement : chacun pour soi.
- successivement : les cavaliers de la reprise se suivent.

Les lettres placées tout autour du manège servent de repères pour exécuter des figures géométriques codifiées.

Les principales figures sont :

Nom de la figure	Description	Avec changement de main	Sans changement de main
Cercle	Grand cercle de diamètre variable : de 10 à 20 m. Le cavalier rejoint la piste à l'endroit précis où il l'a quittée.		✗
Volte	Cercle de 10 m de diamètre (moitié du manège) ou moins		✗
Demi-volte	Demi-cercle suivi d'une oblique qui rejoint la piste	✗	
Demi-volte renversée	Inverse de la demi-volte : oblique suivie d'un demi-cercle qui rejoint la piste.	✗	
Doubler dans la largeur	Ligne droite perpendiculaire au grand côté du manège.	au choix : avec ou sans changement de main	
Doubler dans la longueur	Ligne droite qui suit l'axe du manège. Peut être également exécuté sur la ligne du quart.		
Changement de main par la diagonale	Oblique qui débute après le coin et rejoint la piste opposée avant l'autre coin.	✗	
Contre-changement de main	Ligne brisée qui débute et se termine comme une diagonale, mais sans changement de main.		✗
Huit de chiffre	Le centre du huit se situe au centre du manège (point X).		✗

AU PAS ••• CONTRÔLER LA VITESSE

Pour que le cheval conserve une vitesse régulière au pas sans ralentir, il est parfois nécessaire d'entretenir l'impulsion en agissant avec les jambes. S'il cherche à trotter, les mains interviennent progressivement pour maintenir sa vitesse.
Au pas, les mains accompagnent en rythme le mouvement de l'encolure pour que le cheval conserve une vitesse régulière.
Le pas peut être plus ou moins allongé.

AU PAS ••• DÉPLACER LES HANCHES

Le long d'une route par exemple, il est parfois nécessaire de déplacer les hanches du cheval.

DÉPLACEMENT DES HANCHES VERS LA GAUCHE PAR EXEMPLE

- Recule la jambe droite en arrière de la sangle et agis avec cette jambe de façon discontinue, perpendiculairement à l'axe du cheval, et en accord avec le lever du postérieur droit ;
- Entretiens l'impulsion du cheval avec la jambe gauche qui reste à la sangle.

En déplaçant les hanches vers la gauche :

- La jambe droite reculée se nomme : « jambe isolée » ;
- La jambe gauche : « jambe d'impulsion ».

Dans ce déplacement vers la gauche, le cheval engage son postérieur droit et le croise en avant du gauche. Ce dernier s'écarte légèrement à son tour.

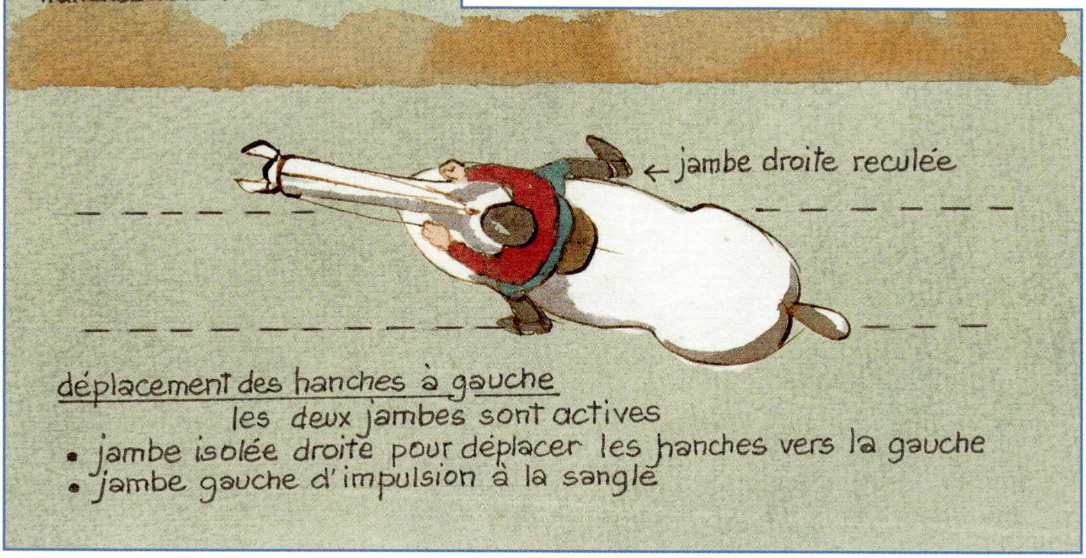

AU PAS ••• INVERSER ET ENCHAÎNER DES COURBES SERRÉES

Pour tourner correctement, le cheval assoupli doit être incurvé sur le cercle. Sur les courbes serrées, il est nécessaire de l'incurver avec des aides d'incurvation.

LES AIDES D'INCURVATION (À DROITE PAR EXEMPLE)

Pour incurver le cheval à droite, il faut utiliser les aides habituelles du tourner : buste orienté vers la droite, main droite portée à droite et main gauche qui avance légèrement pour permettre à l'encolure de s'incurver.

- La jambe droite (intérieure) reste à la sangle et entretient l'impulsion.
- La jambe gauche (extérieure) recule légèrement et se place « en surveillance », pour empêcher les postérieurs de déraper.
- En temps normal, le poids du corps est mis sur la fesse intérieure.

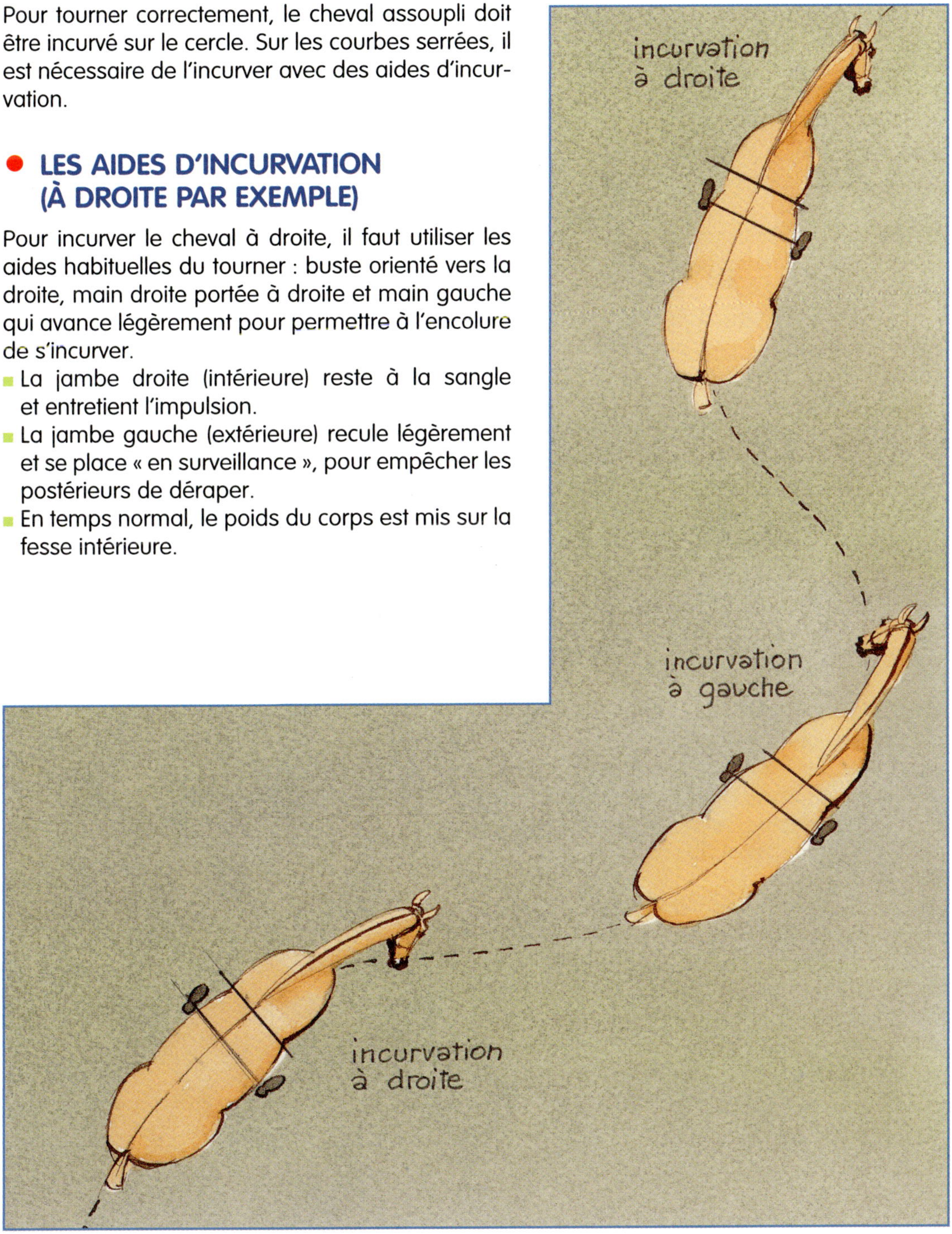

AU TROT

RECHERCHER SON ÉQUILIBRE ASSIS

Le trot rapide (trot allongé) est relativement inconfortable.
Plus le trot assis est rapide, plus le cavalier doit rejeter ses épaules en arrière pour que son rein puisse amortir les secousses du trot.

À éviter :

- se pencher en avant ou arrondir ton dos, ce qui est très inconfortable:
- être assis en arrière de la selle. Au contraire, il faut rester assis le plus en avant possible sur la selle ;
- au trot assis, ne t'appuie pas sur les étriers pour ne pas décoller de la selle. Tes jambes tombent naturellement sans remonter les genoux, et en conservant leur place à la sangle, talons bas ;
- éviter de bouger les mains en tirant sur la bouche du cheval car, dans ce cas, il creuse son dos et son encolure et devient très inconfortable et difficile à contrôler.

CONTRÔLER LA VITESSE

Au sein d'une reprise, et même en extérieur, tous les cavaliers doivent accorder leur vitesse sur celle du cavalier de tête. Au trot, la vitesse du cheval dépend de son allant, mais aussi de sa conformation : au trot rapide, un sujet le petite taille peut prendre le galop, alors qu'un grand cheval est encore au trot.
En travail individuel, lorsque le cheval est calé dans son trot, le cavalier doit agir avec les jambes dès qu'il commence à ralentir. Au trot enlevé, l'action des jambes se fait au moment où le cavalier reprend le fond de sa selle. Pour ralentir, il faut agir avec les deux mains, sans laisser le cheval prendre appui sur le mors pour accélérer.
Un bon trot est régulier et cadencé, sans accélération ni ralentissement.

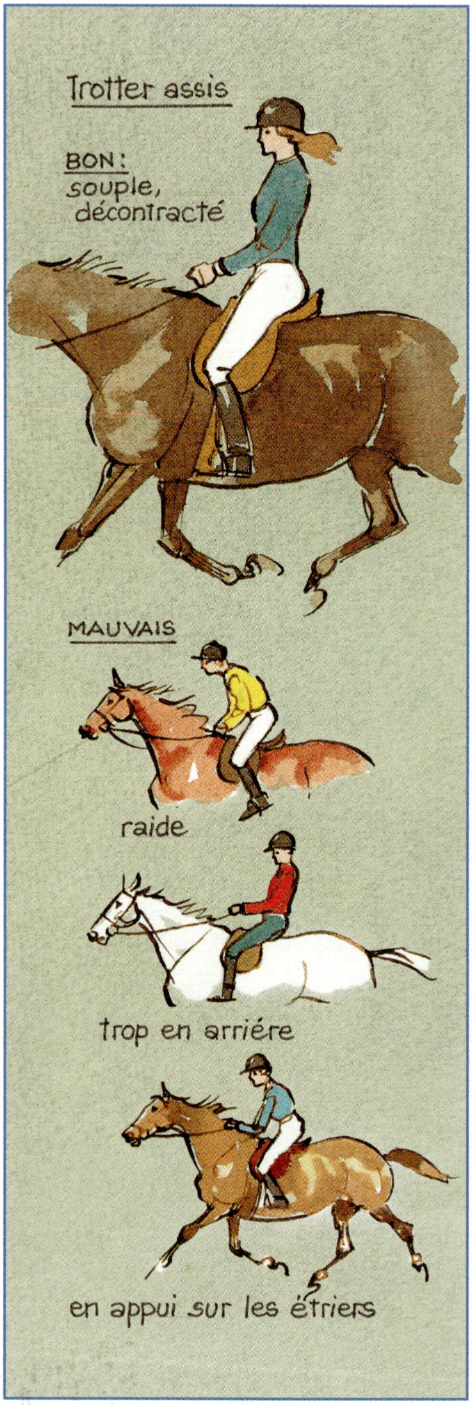

AU TROT ENLEVÉ ••• RECHERCHER SON ÉQUILIBRE

Le cavalier doit garder les jambes fixes au trot enlevé le buste légèrement incliné en avant, le dos plat, les deux rênes ajustées.

• VARIATION DE VITESSE

Au trot enlevé, le cavalier doit conserver son équilibre sans être rejeté sur le troussequin de la selle si le cheval accélère. Au contraire, le cavalier qui manque d'équilibre a tendance à se pencher excessivement en avant si le cheval ralentit brusquement.

Pour allonger le trot, il faut agir avec les deux jambes en même temps, au moment où tu te rassois dans la selle. L'action des jambes doit être progressive afin que le cheval ne parte pas au galop. Il est préférable d'allonger progressivement le trot sur une longueur ou une diagonale, à la sortie d'un tournant.

• CHANGEMENT DE DIRECTION

En principe, le cavalier trotte enlevé sur le diagonal extérieur comme c'est le cas en manège. Lors d'un changement de main, il faut changer de diagonal au moment où le cheval change de direction.

Pour changer de diagonal, il suffit de rester assis (ou en équilibre) pendant deux temps successifs. Le fait de changer de diagonal à tendance à troubler l'équilibre du cheval pendant une ou deux foulées.

PLEINE NATURE

En principe les figures de manège doivent être exécutées au trot assis et pas au trot enlevé. Si tu trottes enlevé sur la piste, il suffit de te mettre au trot assis juste avant de commencer à effectuer la figure. Tu peux reprendre ensuite le trot enlevé après la figure.

AU TROT ••• INVERSER ET ENCHAÎNER DES COURBES LARGES

En manège, à l'extérieur ou lors de parcours, les changements de direction sont fréquents. Voici comment y préparer le cheval afin que le cavalier ne perturbe pas son équilibre naturel.

• AU TROT ASSIS

En principe, les figures sont exécutées au trot assis. Dans le huit de chiffre par exemple, il faut inverser ses aides entre les deux cercles, au moment où le cheval doit inverser son incurvation. L'inversion d'aides doit se faire progressivement.

• AU TROT ENLEVÉ

Sur la piste ou en exécutant des courbes, il faut trotter sur le diagonal extérieur : diagonal gauche (côté mur), si l'on trotte piste à main droite et inversement.

En inversant des courbes au trot enlevé, il faut changer de diagonal au moment du changement de direction, et incurver le cheval dans l'autre sens. Il est alors préparé à tourner en sens inverse.

AU GALOP

Le cavalier a le choix entre : galoper en équilibre sur les étriers ou galoper assis.

• STABILISER SON ÉQUILIBRE SUR LES ÉTRIERS

Avec le jeu de son rein, le cavalier doit suivre le mouvement de bascule du cheval. Le buste du cavalier est légèrement incliné en avant, le dos plat. Ne pas regarder par terre, car cela arrondit le dos.

• GALOPER ASSIS EN RYTHME

Au galop assis, le cavalier ne doit pas quitter le fond de la selle. Les mouvements de bascule du cheval doivent être amortis par la souplesse et la décontraction de son rein. Pour ne pas décoller de la selle, il faut garder le buste d'aplomb et le rein souple. Le bassin peut alors accompagner les mouvements du dos du cheval.

Pour conserver le rythme du galop, le cavalier doit :

• entretenir l'impulsion avec ses jambes chaque fois que c'est nécessaire,

• accompagner avec les bras le mouvement de l'encolure du cheval,

• accompagner avec le bassin, le mouvement de bascule du cheval.

GALOP 4 • Équitation

AU GALOP ••• PARTIR AU GALOP DU PAS SUR LE BON PIED

• RAPPEL :

Dans le galop à droite, l'antérieur et le postérieur droits (bipède latéral droit) prennent de l'avance sur les deux autres membres ; et inversement.

• DÉPART AU GALOP À PARTIR DU PAS

- Avantage : au pas, le cheval garde son calme et se contrôle facilement. La mise en place des aides est facilitée par le confort de cette allure.
- Difficulté : une bonne impulsion est indispensable.

• PRINCIPE

Donner au cheval l'orientation qui correspond au galop, avant de lui demander le départ.

• DISPOSER SES AIDES (galop à droite)

- Par un effet contraire de la rêne droite, reporte le poids sur l'épaule gauche en soulageant de ce fait l'épaule droite.
- Pèse davantage sur la fesse gauche, en basculant légèrement le bassin, sans te pencher en avant.
- La jambe gauche est légèrement reculée (jambe de position). Elle pousse légèrement les hanches vers l'intérieur du manège. Son action, aidée de la jambe droite qui agit à la sangle (jambe d'impulsion), déclenche le galop à droite.
- Dès que le cheval est au galop, remets tes aides à leur place normale.

Selon le niveau de dressage du cheval, il existe d'autres manières de partir au galop sur le pied choisi.

• PRÉCISION

Ces différentes actions s'enchaînent très rapidement, la préparation qui précède l'action est essentielle. Évite toute action désordonnée qui perturberait le cheval.

CONTRÔLER LA VITESSE

Au galop, il faut éviter que le cheval reporte son poids sur ses épaules, accélère, et échappe au contrôle du cavalier. Avant que le cheval ne « prenne la main », mets-le sur un cercle pour en reprendre le contrôle.
À l'extérieur, si le cheval a tendance à accélérer, ne le laisse pas s'appuyer sur le mors, cède et reprends d'une main sur l'autre.
Les chevaux en groupe sont enclins à se dépasser pour faire la course.
Les laisser alignés l'un derrière l'autre aide à conserver la même vitesse.

CONDUIRE SUR DES COURBES LARGES

Pour tourner sur des courbes larges, sers-toi d'un effet direct. Garde l'effet contraire pour les courbes serrées, ou lorsque tu tiens les rênes avec une seule main.

PRÉPARATION

Le cheval doit galoper sur le bon pied pour conserver son équilibre dans les tournants : sur le pied droit pour tourner à droite et inversement. S'il n'est pas sur le bon pied, repasse au trot pendant une ou deux foulées, et fais-le partir sur le bon pied pour qu'il tourne dans de bonnes conditions.
Note qu'un cheval habile se met de lui-même sur le bon pied, à l'entrée du tournant.

ARRONDIR LA COURBE

Le tracé de la courbe doit être arrondi, sans présenter de cassure. Tu dois orienter ton buste dans le sens de la courbe.
Lorsque tu tournes avec un effet direct, la main extérieure régulatrice limite l'inflexion de l'encolure et aide à conserver les épaules du cheval sur la trajectoire de la courbe.

AU GALOP

ENTRETENIR L'IMPULSION

En tournant, le cheval a tendance à ralentir. Tes jambes et les mouvements de ton rein doivent entretenir son impulsion.

SAUTS ISOLÉS ••• RECHERCHER SON ÉQUILIBRE SUR LES ÉTRIERS

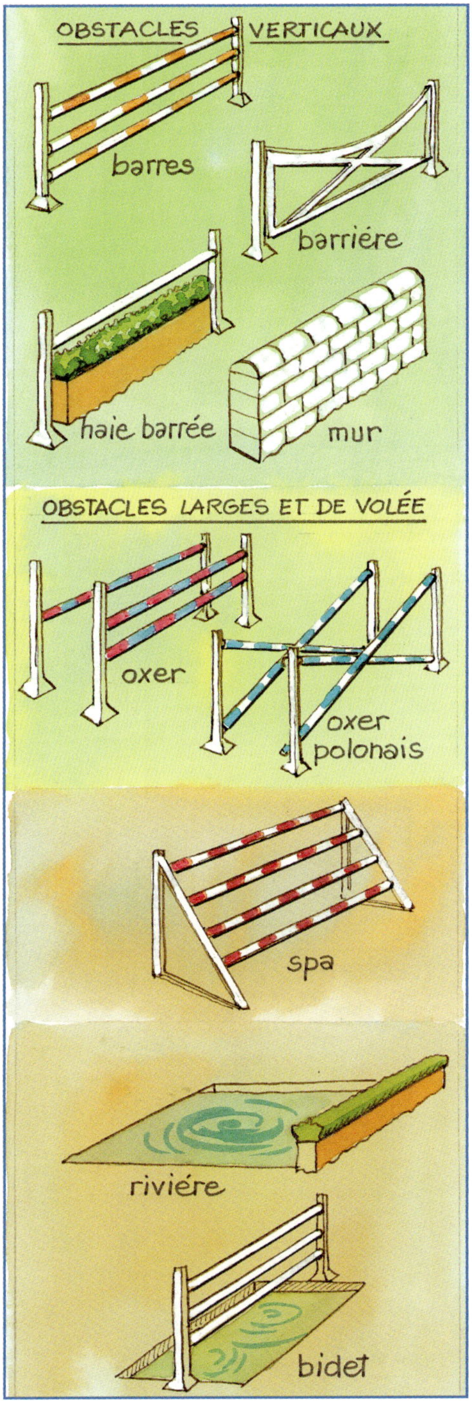

Les obstacles mobiles ou fixes peuvent présenter trois profils différents :

- Les obstacles VERTICAUX appelés également « droits » dont les éléments sont disposés dans un même plan vertical. C'est le cas des obstacles constitués de barres, de la barrière, du mur, des palanques, de la haie etc.

- Les obstacles LARGES faits de plusieurs plans droits ou croisés franchis en un seul saut : oxer ou tronc large par exemple.

- Les obstacles DE VOLÉE sont faits de plans écartés sautés en un seul saut : barre de Spa par exemple.

- La rivière est un cas particulier, car elle ne présente aucune hauteur. Le cheval ne doit pas y pénétrer ni en toucher les bords.

Les obstacles symétriques, peuvent être franchis dans les deux sens.

• ÉQUILIBRE DU CAVALIER

À la réception de l'obstacle, tu dois te redresser en te rapprochant de la selle, sans cependant te rasseoir. Tu peux alors agir avec les mains pour garder le cheval en ligne droite pendant quelques mètres, avant d'amorcer la courbe suivante. Il faut en effet éviter qu'il tourne juste à la réception.
Sur la courbe qui rejoint l'obstacle suivant oriente ton regard et ton buste dans le sens du tracé.
Fais attention à ne pas gêner le cheval par des actions involontaires de mains ou en te rasseyant brutalement sur son dos.

PLEINE NATURE

Après avoir échauffé le cheval et réglé son équilibre sur de petits obstacles, tu peux lui demander de sauter des obstacles plus hauts. Inutile de chercher à aller vite.

SAUTS ISOLÉS ••• CONTRÔLER L'ALLURE ET LA VITESSE

Dans les concours pour cavaliers confirmés, la vitesse est imposée en fonction du niveau de l'épreuve. Dans le but de « viser le sans faute », il est inutile d'aller vite. Le cheval doit être calme, équilibré et dans l'impulsion pour sauter correctement.

• LA RECONNAISSANCE DU PARCOURS

Avant de sauter, il faut suivre à pied le parcours, pour observer les obstacles mais également pour repérer le tracé qui permet de les aborder dans de bonnes conditions : sur le bon pied, perpendiculairement et au milieu.

• LES CHANGEMENTS DE DIRECTION

Le cheval au galop, doit changer de pied au moment où il change de direction, pour conserver son équilibre. Un cheval souple change tout seul de pied. Dans le cas contraire, remets-le au trot pendant quelques foulées à l'endroit où la direction est inversée, pour qu'il effectue le changement de pied.

• VITESSE PENDANT LE PARCOURS

Entre les obstacles, le cheval doit conserver sensiblement la même vitesse. Les jambes entretiennent l'impulsion et les mains la canalisent. En aucun cas, le cheval ne doit se « mettre sur les épaules » en accélérant contre le gré du cavalier.

PLEINE NATURE

Observe les chevaux sauter et tu remarqueras que « la ligne du dessus » s'arrondit au-dessus de l'obstacle. Un cheval qui lève sa tête en franchissant un obstacle saute mal. S'il touche l'obstacle, c'est certainement que le cavalier l'a gêné pendant le saut.

SAUTS ••• CONDUIRE EN ENCHAÎNANT DES SAUTS ISOLÉS

Pour enchaîner un parcours dans de bonnes conditions, il faut contrôler la direction sur les courbes qui rejoignent les obstacles.
L'obstacle devant être abordé perpendiculairement et au milieu, les courbes doivent être précédées et suivies d'une petite portion de ligne droite.
Dans la phase d'abord le cheval doit être droit, canalisé par les aides : mains et jambes pour éviter qu'il hésite en zigzaguant.
Après quelques mètres en ligne droite qui suivent la réception, le cheval est incurvé et tourne avec un effet direct, le cavalier regardant dans la direction où il se dirige.
La courbe doit être bien arrondie, sans présenter de cassure.
Le tracé a été choisi pendant la reconnaissance, en fonction des obstacles et de la qualité du sol.
Après chaque saut, tu dois t'efforcer de contrôler le cheval pour aborder l'obstacle suivant en respectant le tracé : équilibre, vitesse, impulsion, direction.

TERRAIN VARIÉ ••• RECHERCHER SON ÉQUILIBRE SUR LES ÉTRIERS

En terrain varié, le cheval est amené à sauter des obstacles naturels (tronc, haie), mais également à franchir des dénivelées et des difficultés naturelles. Pour sauter, le cavalier se met en équilibre, mais reste très près de la selle par mesure de sécurité, car les obstacles sont fixes.

• ÉQUILIBRE EN MONTÉES

Dans les montées, le cheval a besoin de pousser fortement avec ses postérieurs. Il faut donc libérer son rein. Reste au pas, mets-toi en équilibre au-dessus des étriers, le buste vertical. Si la pente est forte, saisis éventuellement une poignée de crins pour maintenir ton équilibre.

• LES DESCENTES

Dans une descente, le buste reste vertical, les pieds en appui sur les étriers.
Tu peux prendre appui avec tes mains au niveau du garrot.

• LE TALUS ABRUPT

- Dans le sens de la montée le cheval a besoin d'une certaine vitesse. Mets-toi en équilibre, comme pour le début d'un saut. Ne gêne pas le cheval, car il a besoin de poser ses antérieurs suffisamment en avant pour que les postérieurs trouvent une place au sommet du talus.
- Dans le sens de la descente, aborde l'obstacle lentement en appui sur les étriers.
  Reste assis, le buste vertical. Il faut libérer l'encolure, en tenant les rênes très longues.

• LE FOSSÉ

Peu large, il est sauté de plein pied : position en équilibre mais en restant très près de la selle, car la réception n'est pas toujours bonne.

Pour éviter d'être surpris par le saut et rester raccroché aux rênes, tu peux tenir la crinière.

• LES ÉPREUVES DE T.R.E.C.

Une des épreuves de T.R.E.C. (Techniques de Randonnée Équestre de Compétition) est le P.T.V. (Parcours en Terrain Varié).
Les difficultés naturelles que le cavalier doit franchir, demandent au cheval soumission, hardiesse, équilibre et sûreté de pied.
Le cavalier doit faire preuve d'à propos, d'équilibre et d'expérience en terrain varié.
C'est la qualité du franchissement qui est jugée, la vitesse comptant moins.
Certaines fortes montées ou descentes sont faites à pied. Le cheval doit alors toujours garder sa place derrière le cavalier.

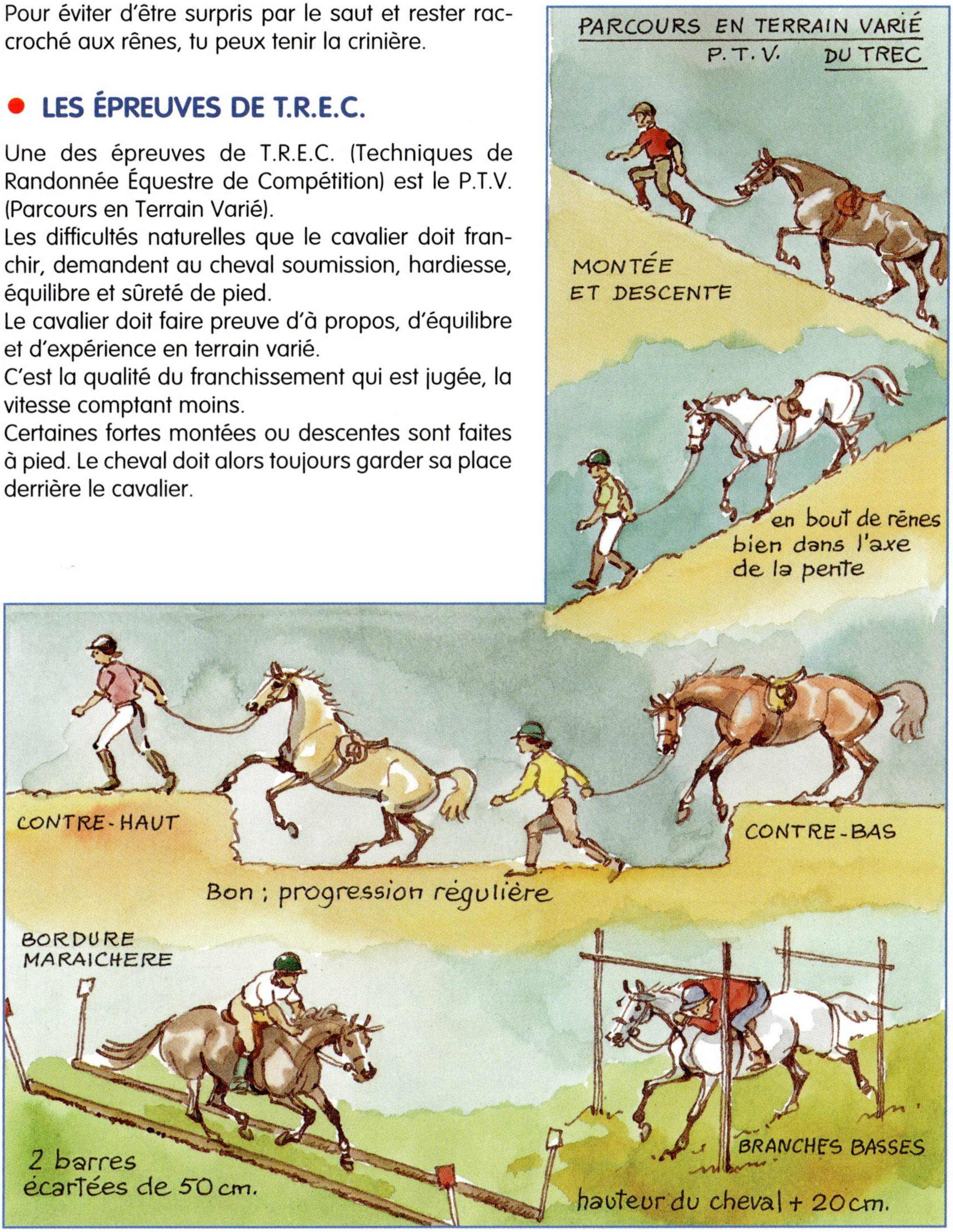

TERRAIN VARIÉ ••• CONTRÔLER L'ALLURE ET LA VITESSE

À l'extérieur, le cheval a souvent tendance à accélérer contre le gré du cavalier, particulièrement au galop et dans le sens du retour à l'écurie.

Voici les principales précautions à prendre :

- dans les descentes, il est préférable de rester au pas ;
- dans les fortes montées, reste au pas et laisse souffler ton cheval en haut ou à mi-pente ;
- ne galope pas sur des terrains glissants, inégaux, gelés ou boueux ;
- au trot, pense à changer de diagonal de temps en temps (tous les 500 m environ) ;
- au retour vers l'écurie, reste au pas pour rentrer ton cheval sec et calme;
- ne galope jamais sans visibilité, car le cheval au galop ne peut pas s'arrêter instantanément.

CONDUIRE EN TERRAIN VARIÉ

En terrain varié, le cavalier tourne rarement serré. Pour conserver son équilibre, le cheval a besoin d'une grande liberté d'encolure. Les rênes, maintenues longues, peuvent être tenues dans une seule main.

Lorsque le terrain présente des difficultés, il est souvent préférable de laisser le choix du passage au cheval habitué à l'extérieur.

Aux allures rapides, ralentis avant de tourner pour que le cheval ne soit pas surpris.

Il est indispensable de tourner sur le bon pied, quitte à te remettre au trot pendant quelques foulées pour changer de pied avant le tournant. Les tournants, généralement larges, se font en effet direct.

Tu peux tenir les rênes en faisant « un pont » pour pouvoir prendre appui contre l'encolure en cas de besoin.

GALOP 4 • Soins

POSER DES PROTECTIONS DE TRAVAIL

Les protections de travail servent à protéger les extrémités des membres des chocs et des atteintes. Voici comment les poser :

LES CLOCHES

Elles sont posées en premier, généralement aux membres antérieurs. Elles protègent la couronne et les glômes. Il faut retourner la cloche pour la mettre en place. Les modèles ouvrables se posent plus facilement.

LES GUÊTRES

Elles protègent l'avant et l'intérieur des membres, ainsi que les tendons.
Les boucles sont disposées sur la face latérale externe du membre, les languettes dirigées vers l'arrière.

- Commencer par boucler la languette du milieu.
- Fermer ensuite les autres languettes sans les serrer.

LES PROTÈGE-BOULETS

Réservés aux postérieurs, ils protègent les boulets des atteintes.
Tout comme pour les guêtres, la languette ou la fixation en velcro doit prendre place sur le côté externe, les languettes dirigées vers l'arrière, sans serrer le membre.

LES BANDES DE POLO

Ces bandes épaisses protègent le tour des membres antérieurs ou postérieurs mais ne doivent pas gêner le mouvement des articulations. Le premier tour de bande est fait au tiers supérieur du canon.

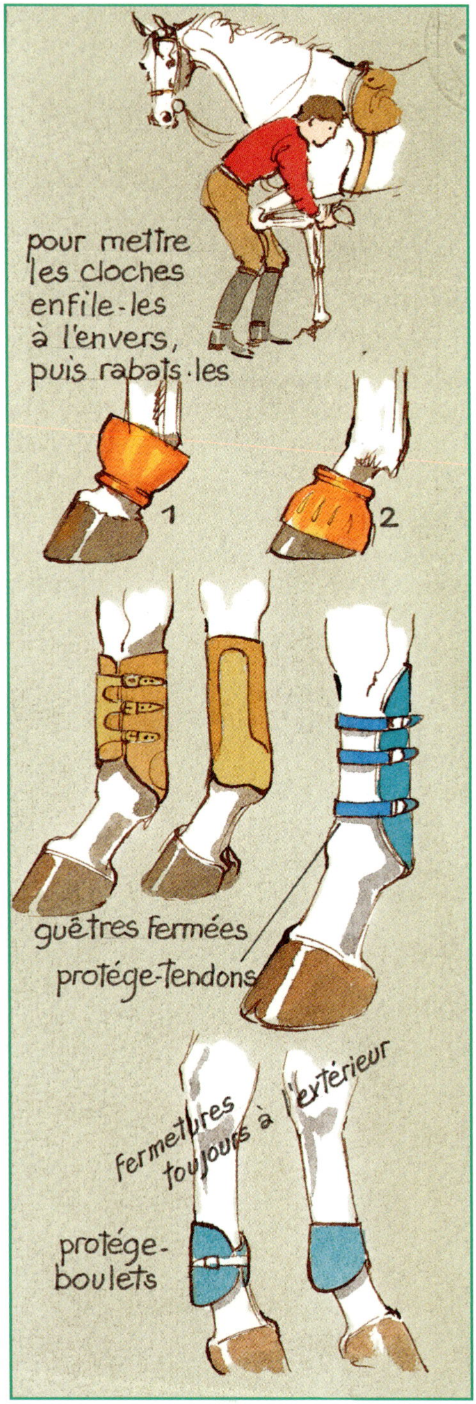

POSER DES PROTECTIONS DE TRAVAIL

En donnant une tension régulière à la bande, redescends ensuite régulièrement jusqu'au boulet. Remonte jusqu'en haut du membre, et redescends quelques tours avant de fermer le velcro sur la face externe.
Chaque tour de bande recouvre environ les trois quarts du tour précédent.

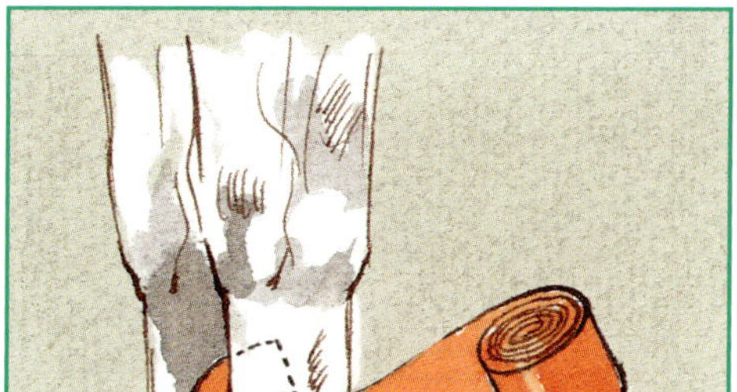
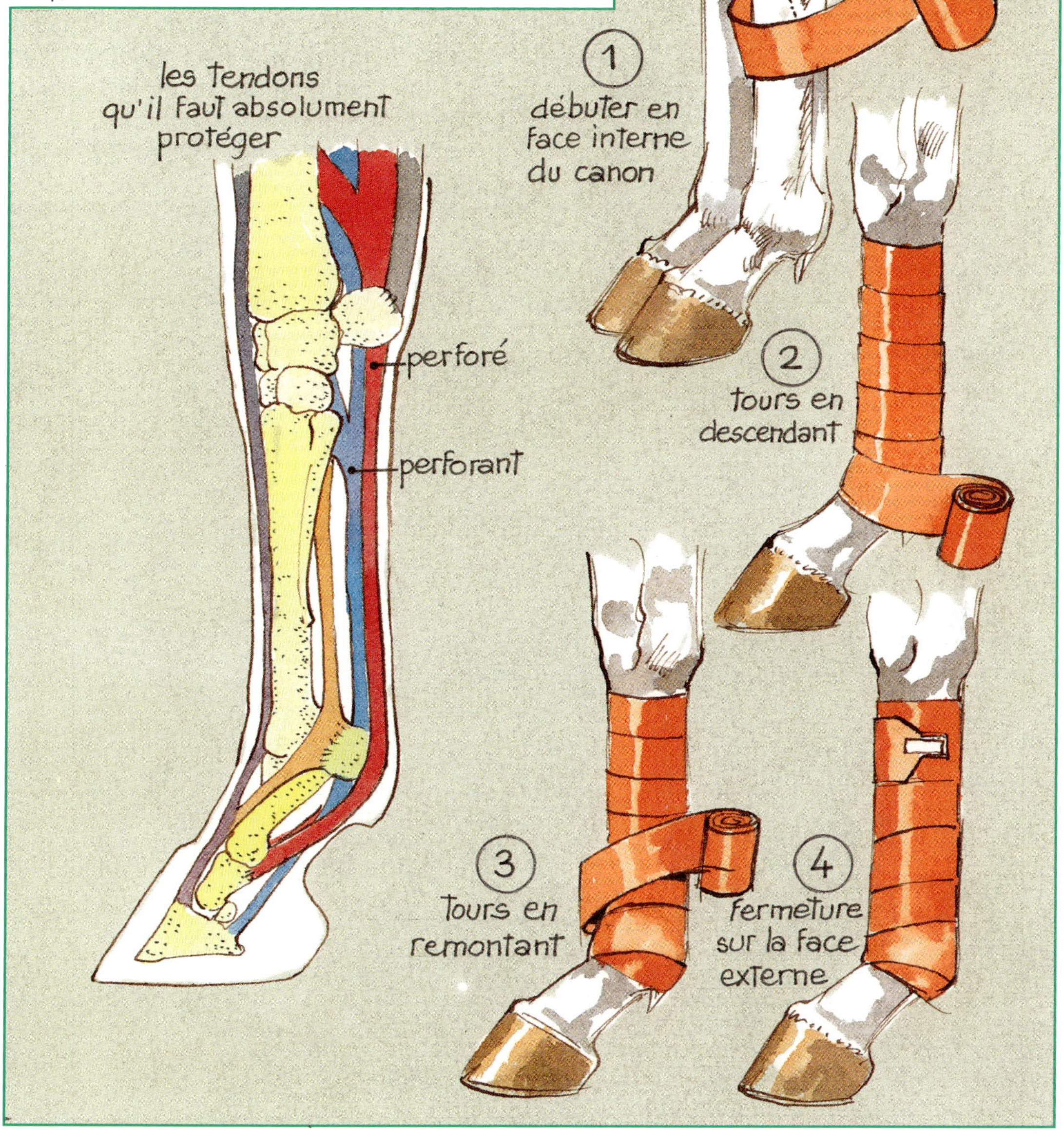

GALOP 4 • Soins

POSER DES PROTECTIONS DE TRANSPORT

Pendant le transport, le cheval n'est pas à l'abri des chocs. L'embarquement et le débarquement comportent également des risques. Il faut donc préserver les parties vulnérables du corps avec des protections de transport.

- Une couverture ou une chemise met le cheval à l'abri du froid et des courants d'air.
- Un protège-nuque est fixé sur la têtière du licol.
- Le protège-queue ou une bande serrée sur la partie rigide de la queue, assure une protection efficace. Il est maintenu par un surfaix ou une sangle placée autour de l'encolure.
- D'épaisses guêtres de transport ou des bandes de repos, protègent les canons.

Les protections hautes assurent une meilleure efficacité.

- Des genouillères mettent les genoux à l'abri des chocs ou d'éventuelles chutes.
- Des cloches protègent les couronnes et les glômes.

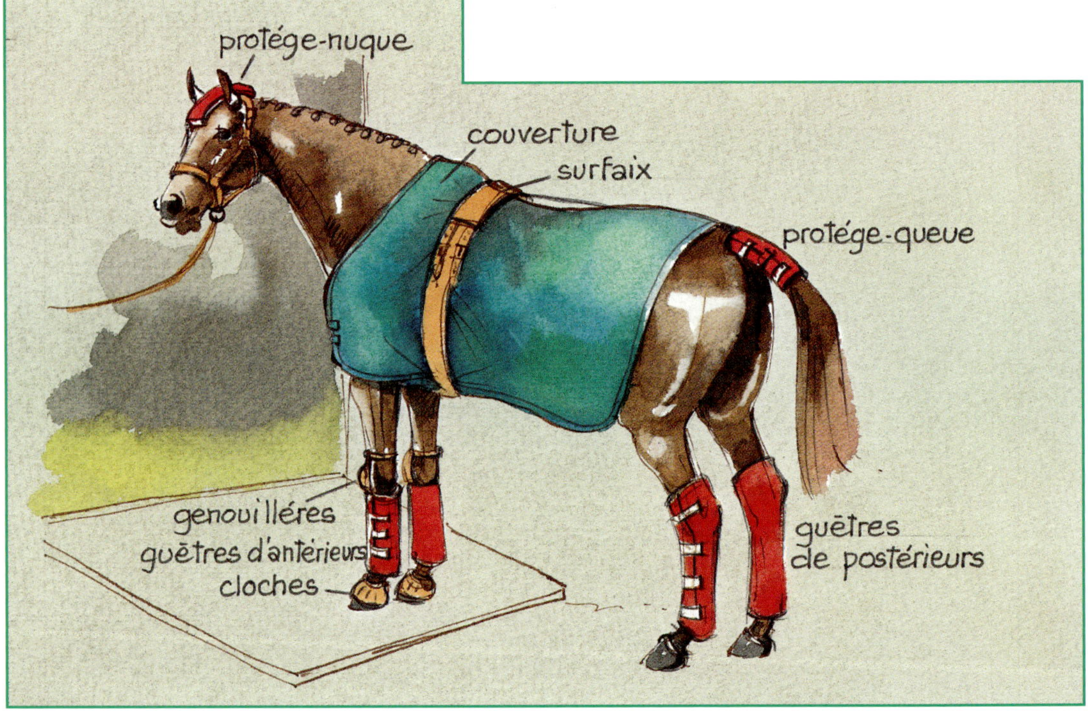

Les paragraphes suivants s'ajoutent à ceux des galops précédents. À l'état naturel, le cheval pâture (broute de l'herbe) environ la moitié de la journée et de la nuit. S'il travaille régulièrement, son alimentation se compose généralement des éléments suivants :

• LES ALIMENTS CONCENTRÉS

Ils peuvent se présenter sous deux formes :

- Les grains (céréales) distribués soit entiers, soit aplatis, concassés ou encore trempés. Les plus utilisés sont :
  - L'avoine : grains noirs ou blancs aux extrémités pointues.
  - L'orge : grains plus arrondis, jaunes et plus durs que l'avoine.
  - Le maïs : gros grains jaunes et durs qui doivent être concassés.
- Les aliments industriels se présentent sous forme de granulés, bouchons ou flocons. Ils contiennent des céréales et différentes plantes. On parle parfois d'aliments complets ou complémentaires du fourrage.

• LES FOURRAGES

- Le foin est de l'herbe coupée, séchée et pressée en ballots. Il y a le foin de prairie naturelle et le foin de prairie artificielle (luzerne, trèfle, ray-grass).
- La paille constitue la litière, mais le cheval en mange une partie. Elle est peu nourrissante.

• D'AUTRES ALIMENTS

Ils complètent la ration ou récompensent le cheval : friandises, pain, fruits, betteraves, carottes, mélasse, résidus de sucrerie, tourteaux, résidus d'huilerie…

GALOP 4 • Connaissances

NOTIONS SUR L'ALIMENTATION

• L'EAU

L'EAU est donnée à volonté. Le cheval en consomme par petites quantités lorsqu'elle est en permanence à sa disposition. Il en boit de 20 à 40 litres par jour, voire plus.

• VITAMINES ET MINÉRAUX

En période de croissance, de travail intensif, ou si une jument allaite, des compléments de vitamines et de minéraux peuvent être ajoutés à la ration, à condition de suivre les doses prescrites.

• COMMENT DÉTERMINER LA RATION JOURNALIÈRE

Les besoins énergétiques journaliers du cheval, sont déterminés à partir de son poids et du travail qu'il fournit. La ration doit être réduite, lorsque le cheval est au repos (ration d'entretien) et augmentée en fonction de son travail (ration de travail).

Un cheval de taille moyenne au repos a besoin par jour d'une ration d'entretien d'environ 4 kg d'aliment concentré, 4 kg de foin et de la paille pour sa litière.

• COMMENT DISTRIBUER LES ALIMENTS

Il est nécessaire de fractionner (diviser) la ration journalière en trois repas au minimum, voire plus, car le volume de l'estomac est relativement faible (environ 15 litres). Les aliments sont distribués dans l'ordre suivant : l'eau d'abord, puis le foin et les aliments riches ensuite. Le repas le plus important est donné le soir car le cheval a toute la nuit pour le consommer et le digérer. S'il y a un abreuvoir automatique, le cheval peut boire à volonté.

ÉQUIVALENCES :

- 1 kg d'avoine équivaut à 2 litres
- 1 kg d'orge équivaut à 1,6 litres.
- 1 kg d'aliment industriel équivaut à 1,5 litres.

GALOP 4 • Connaissances

NOTIONS DE SOINS QUOTIDIENS

En plus de ses repas journaliers, il faut prodiguer au cheval des soins quotidiens qui préservent sa santé et sa bonne forme physique.

• LE PANSAGE

Un pansage quotidien est nécessaire le matin et au retour du travail, une fois le cheval sec. Consulte le chapitre pansage au galop 2. Les soins avant et après le travail figurent au galop 3.
Profite du pansage pour inspecter le cheval et déceler d'éventuelles blessures.
En curant ses pieds, vérifie la bonne tenue de ses fers et regarde s'il n'a pas d'atteintes.

• DOUCHER

Le jet d'eau prolongé masse les tendons des membres. Sèche ensuite les plis des paturons pour éviter la formation de gerçures.
Lorsque le temps le permet, le cheval peut être douché complètement. Son poil est ensuite essoré avec un couteau de chaleur, puis le cheval est mis dans un endroit abrité du vent.

• PROTÉGER LE CHEVAL

En hiver, en dehors du travail, le cheval tondu doit être protégé par une couverture d'écurie pour remplacer l'absence de poils.

VÉRIFICATIONS QUOTIDIENNES

- **Le cheval doit avoir constamment de l'eau à sa disposition.**
- **S'il ne termine pas sa ration, préviens le moniteur.**
- **Un cheval en bonne santé a le poil sec, les oreilles froides, il est calme et respire normalement.**
- **Ses tendons sont secs (pas enflés), ses sabots sont froids et le cheval repose normalement sur ses pieds.**
- **Ses crottins sont « bien moulés » (pas trop mous) et ses urines sont jaune clair.**
- **Il marche souplement sans présenter de boiterie.**

COMPORTEMENT DE SA MONTURE À L'ÉCURIE, AU TRAVAIL ET À L'EXTÉRIEUR

• LA VIE EN LIBERTÉ

À l'état naturel, le cheval vit en troupeau où règne une hiérarchie animée par l'instinct « grégaire » (instinct de groupe). L'étalon dominant protège le troupeau. On comprend donc que le cheval puisse manifester des signes d'inquiétude lorsqu'il reste seul.

• CRAINTIF DE NATURE

Le cheval est un herbivore. Jadis, il fut la proie des grands prédateurs (carnassiers) et a survécu grâce à la rapidité de sa fuite. Aujourd'hui, domestiqué, il reste craintif et cherche à détaler lorsque surpris, il se croit agressé. Il est rarement méchant, mais peut décocher des ruades pour se défendre. Il faut donc éviter de le surprendre.

• MANŒUVRE D'INTIMIDATION

Un cheval apparemment docile peut se montrer agressif envers d'autres chevaux. Généralement, il prévient en couchant les oreilles, fait mine de mordre et hennit d'une façon particulière. La véritable querelle ne commence que si l'adversaire lui tient tête.

• COPAINS DE PÂTURE

Dans une écurie, certains chevaux s'entendent mieux que d'autres. En pâture les chevaux se placent parfois tête bêche pour se mordiller l'encolure ou se chasser mutuellement les insectes.

• COMPORTEMENT À L'ÉCURIE

C'est souvent lors de la distribution de nourriture que les chevaux se querellent et cherchent à bousculer la personne qui les nourrit. Méfie-toi, même lorsque tu distribues des friandises.

GALOP 4 • Connaissances

COMPORTEMENT DE SA MONTURE À L'ÉCURIE, AU TRAVAIL ET À L'EXTÉRIEUR

Referme toujours les portes des boxes pour éviter que le cheval ne s'échappe, certains arrivent même à ouvrir le verrou avec leurs lèvres.
En box, le cheval a tendance à s'ennuyer et occupe son ennui à grignoter la paille de sa litière.

• COMPORTEMENT AU TRAVAIL

Le cheval est un animal sensible qui dispose d'une grande mémoire, mais ne peut rester attentif longtemps. Dès le début du travail, il juge son cavalier et peut chercher à profiter de son manque d'assurance.
Au travail, il faut lui donner :

- la notion de bien, en le récompensant chaque fois qu'il donne satisfaction ;
- la notion de mal en le grondant dans le cas contraire.

Le cheval peut chercher à désobéir en quittant la piste, en refusant un obstacle, en ralentissant contre le gré du cavalier ou au contraire, en « prenant la main » à toute allure. Il faut éviter qu'en désobéissant il « trouve une défense » dont il pourrait se servir par la suite.

• COMPORTEMENT À L'EXTÉRIEUR

À l'extérieur, le cheval est souvent plus vif que dans le club. Il réagit par rapport à ce qui l'entoure. Il peut faire des écarts par crainte d'un élément qui l'inquiète, ou rechigner à passer à un endroit ou devant un objet qu'il ne connaît pas. Aux allures vives, il peut être tenté de faire la course avec les autres, en « prenant la main » de son cavalier ; surtout sur le chemin qui le ramène à l'écurie. Ne le laisse pas manger de l'herbe en route, car il chercherait ensuite à s'arrêter constamment.

PLEINE NATURE

Lorsque plusieurs chevaux sont attachés les uns à côté des autres, il est préférable d'alterner les juments avec les hongres pour éviter des querelles ? Les « entiers » sont mis à part.

COMPORTEMENT DE SA MONTURE À L'ÉCURIE, AU TRAVAIL ET À L'EXTÉRIEUR

Observe ses attitudes :

IL PARLE AVEC SES OREILLES

- **Oreilles mobiles : il est attentif et confiant.**
- **Oreilles droites et dirigées vers l'avant : il cherche à identifier un objet qui l'intrigue en étendant son encolure vers lui.**
- **Une oreille fixe et l'autre mobile : le poney ne comprend pas quelque chose.**
- **Oreilles légèrement tournées vers l'arrière : il est agacé. C'est sa façon de faire la grimace.**
- **Oreilles complètement couchées : il est franchement en colère. En s'apprêtant à se battre, il couche ses oreilles pour éviter que son adversaire le morde.**

TENTATIVES DE MORSURES

Lorsque tu le chatouilles, ou pour éloigner un autre cheval qui s'approche de son auge par exemple, une attitude d'intimidation consiste à coucher les oreilles, allonger l'encolure et découvrir ses dents. Les chevaux entiers (non castrés) essaient souvent de mordre.

MOUVEMENTS DE LA QUEUE

Le cheval peut fouailler de la queue pour se débarrasser des mouches ou par agacement.
La queue plaquée entre les fesses est signe de crainte ou d'un coup de pied imminent.

MOUVEMENTS DES MEMBRES

Le cheval peut gratter le sol ou piaffer avec un antérieur en signe d'impatience.
Il frappe le sol pour se débarrasser des insectes et peut faire mine de botter pour intimider le cavalier ou un autre cheval.

GALOP 4 • Connaissances

COMPORTEMENT DE SA MONTURE À L'ÉCURIE, AU TRAVAIL ET À L'EXTÉRIEUR

• ATTITUDE GÉNÉRALE

En signe de défense, le cheval peut se cabrer ou faire des sauts de mouton pour manifester sa gaieté ou encore pour essayer de se débarrasser de son cavalier.

Ce qu'il aime	Ce qu'il n'aime pas
Les récompenses : friandises, caresses, être flatté.	Les gestes brusques et les cris.
Que tu lui parles d'une voix calme.	Les tiraillements dans sa bouche.
Retourner au box ou en pâture après le travail.	Les chocs sur son dos dus à un manque de souplesse de son cavalier.
Le frottement de l'étrille et de la brosse.	Se faire toucher les oreilles.
Rester à côté d'un cheval avec qui il s'entend bien.	Rester seul lorsque les autres s'en vont.
	Ne pas manger lorsque les autres ont leur ration.
	Être agacé par les insectes.
	Être dérangé lorsqu'il mange.

GALOP 4 • Connaissances

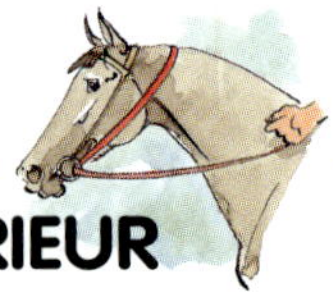

RÈGLES DE SÉCURITÉ EN AIRE DE TRAVAIL ET À L'EXTÉRIEUR

● À PIED DANS LE CLUB

Il ne faut pas surprendre le cheval en l'abordant.

- En sortant ou en entrant dans un box, ouvre la porte en grand et précède le cheval pour ne pas te faire coincer.
- Ne te laisse pas marcher sur les pieds.
- Ne chahute pas à proximité du cheval, car il a besoin de calme.
- Laisse-le tranquille pendant qu'il mange.
- Signale au moniteur tout ce qui te semble anormal.

● À CHEVAL

- Avant de monter un cheval sellé, vérifie ton équipement et le sanglage.
- Les chevaux ne doivent pas être arrêtés de façon trop rapprochée.

Pour éviter les coups de pieds, ils sont rangés l'un à côté de l'autre sur la piste ou la ligne du milieu.

- Tant que tous les cavaliers de la reprise ne sont pas à cheval, reste arrêté ou au pas.
- Ne lâche pas ton cheval, car il peut aller importuner les autres.
- En reprise, conserve environ la longueur d'un cheval avec celui qui te précède, cela évitera les coups et les querelles.
- Avant de dépasser un autre cavalier, demande-lui l'autorisation et prends une piste intérieure.
- Lorsqu'à allure égale, tu croises un autre cavalier, celui de vous deux qui marche à main droite a la priorité, mais le cavalier qui est à l'allure la plus rapide est prioritaire. L'autre prend alors une piste intérieure.

PLEINE NATURE

De nombreux accidents ont lieu à l'écurie ou lorsque le cavalier est à pied. Sois toujours prudent lorsque tu abordes un cheval. Préviens-le et ne l'approche pas par-derrière, car il peut te botter, non pas par méchanceté, mais parce qu'il est surpris et se croit agressé.

RÈGLES DE SÉCURITÉ EN AIRE DE TRAVAIL ET À L'EXTÉRIEUR

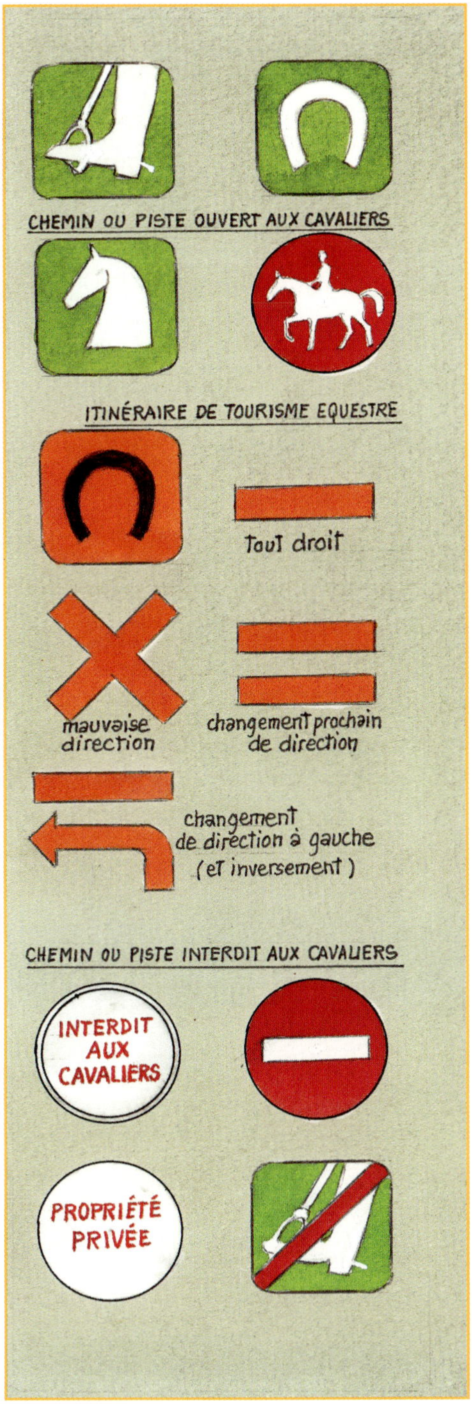

À L'EXTÉRIEUR

- Ne lâche pas ton cheval et ne mets pas pied à terre sans autorisation.
- Garde ta place, conserve l'allure indiquée et ta distance de sécurité avec les autres.
  Aux allures rapides, laisse un espace d'une longueur de deux chevaux entre deux cavaliers.
- Préviens l'accompagnateur en cas de problème et transmets aux autres cavaliers les consignes qui te sont données.
- Ne laisse pas le cheval brouter ou boire n'importe où, pour ne pas risquer une intoxication.
- Ne galope pas sans visibilité, ni sur un sol dur (route) ou profond (boue).
- Le code de la route, assimile le cheval monté à un véhicule. Comporte-toi comme si tu étais à bicyclette : marche à droite de la chaussée (pas sur le trottoir), respecte les priorités, les feux et signalisations, etc.
- La traversée d'une route se fait tous ensemble, après que les cavaliers se soient alignés sur le bas-côté.
- Il faut respecter les propriétés privées, les cultures, les sous-bois, et ne pas laisser le cheval ronger l'écorce des arbres.
- Montre-toi courtois envers les piétons. Préviens-les pour que le cheval ne les effraie pas et croise-les au pas.

PLEINE NATURE

À l'extérieur, il faut être prudent pour toi-même, mais également pour les personnes qui sont à pied. Ne galope pas si tu n'as pas suffisamment de visibilité pour pouvoir t'arrêter. Les chemins publics sont ouverts à tout le monde, pas uniquement aux cavaliers !

GALOP 4 • Connaissances

ACCORD DES AIDES

Afin que le cheval exécute correctement le mouvement désiré, le cavalier utilise plusieurs aides qui doivent se conjuguer : c'est l'accord des aides.
Surtout, ne lui donne pas d'ordres contradictoires ou incompréhensibles : demander par exemple d'avancer en agissant avec les jambes, alors que les mains l'empêchent de se porter en avant.
En effet, pour pouvoir être guidé correctement avec les mains, le cheval doit d'abord se porter en avant grâce à l'action des jambes : mains et jambes s'accordent.

PLEINE NATURE

Une complicité doit exister entre le cheval et son cavalier, pour obtenir une confiance mutuelle. Ne demande jamais à ton cheval d'exécuter quelque chose qu'il n'est pas capable de faire.

MÉCANISMES DU GALOP À GAUCHE ET DU GALOP À DROITE

• RAPPEL :

Le galop est une allure :

- dissymétrique : le mouvement d'un membre n'est pas répété de la même manière par le même membre situé de l'autre côté ;
- sautée : car à un moment les membres n'ont plus aucun contact avec le sol ;
- basculée ;
- à trois temps inégaux, suivis d'une phase de projection où aucun membre n'est en contact avec le sol.

En observant les antérieurs d'un cheval qui galope, tu peux remarquer qu'un bipède latéral prend de l'avance sur l'autre.

Au galop, le cheval qui tourne à droite (piste à main droite dans un manège), galope normalement « sur le pied droit » et inversement. On dit alors qu'il « galope juste ». S'il galope à droite tout en tournant à gauche, on dit qu'il « galope à faux ».

Consulte le chapitre sur le galop page 109.

GALOP 4 • Topo orientation

SE DÉPLACER AVEC UNE CARTE ET UNE BOUSSOLE

• LE TERRAIN

En préparant ton galop 4 tu dois être capable de te déplacer sur de courtes distances, dans un espace connu, en suivant la carte et en utilisant la boussole pour t'orienter.

• ORIENTER LA CARTE AVEC LA BOUSSOLE

① Si tu utilises une boussole plaquette, tourne la capsule de façon à faire coïncider le zéro des graduations avec la flèche de direction.

② Pose le bord de la boussole sur le bord gauche ou droit de la carte. Tourne ensuite l'ensemble, jusqu'à ce que l'aiguille magnétique soit dirigée vers la flèche de direction. La carte est alors orientée ; le nord vers le haut.

• SUIVRE UN ITINÉRAIRE SUR LA CARTE

Après avoir orienté la carte, prends la bonne direction de départ.
Pour suivre ensuite l'itinéraire à partir de la carte, tu dois « anticiper », c'est-à-dire rechercher sur la carte, ce que tu dois trouver sur le terrain. Exemple : la carte indique qu'un peu plus loin, tu dois croiser un chemin. Si tu ne le rencontres pas, c'est que tu as dû te tromper quelque part.
Recherche alors un point de repère que tu retrouves sur la carte.

EN SAVOIR PLUS

Chaque carte est désignée par un numéro et par le nom de la principale agglomération qui y figure. Un tableau d'assemblage représente l'ensemble des cartes avec leur désignation.

GALOP 4 • Topo orientation

TERRAIN, CARTE ET BOUSSOLE

• LA CARTE

• APPROCHE DE L'ÉCHELLE, SAVOIR CALCULER UNE DISTANCE

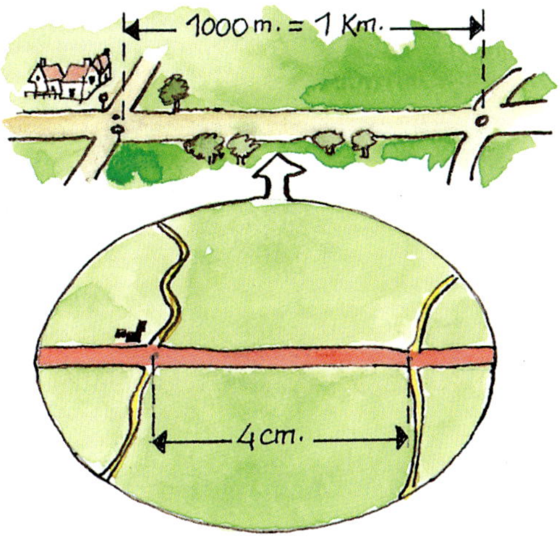

ECHELLE 1/25000

CARTE	RÉALITÉ
1 cm.	250 m.
4 cm.	1 Km.=1000 m.

La carte est une miniature de la réalité. Chaque carte est faite à une échelle qui permet de passer d'une distance réelle à sa représentation sur la carte. Inversement, tu peux mesurer sur la carte la distance réelle qui sépare deux points en te servant de l'échelle de la carte.
À l'échelle 1/25 000 par exemple, tout ce qui figure sur la carte, est 25 000 fois plus petit qu'en réalité.

> À l'échelle 1/25 000 :
> 1 cm sur la carte représente 250 m dans la réalité donc 4 cm sur la carte représentent 1 km dans la réalité

Exemples :

1/ Sur une carte au 1/25 000, on mesure 12 cm entre deux points. Comme 1 cm équivaut à 250 m, la distance réelle est :
12 x 250 m = 3 000 m = 3 km

2/ Quelle mesure représente sur cette carte, une distance réelle de 6 500 m
6500 : 250 = 26 cm

• CONNAÎTRE LES PRINCIPAUX ÉLÉMENTS VISIBLES DE LA LÉGENDE ET SAVOIR LES IDENTIFIER SUR LA CARTE

Tout en suivant un itinéraire, habitue-toi aux signes conventionnels qui figurent sur la carte et apprends à connaître ceux qui peuvent te servir de repères : calvaire, château d'eau, ligne électrique de haute tension, source, chemin, route, maison, zone boisée etc.
Recherche leurs significations dans le tableau imprimé sur chaque carte.

APPROCHE DU RELIEF ET DIFFÉRENTS NORDS

APPROCHE DU RELIEF

Les courbes de niveaux qui figurent en orange sur la carte, indiquent le relief.
Une courbe relie tous les points de même altitude. L'altitude est indiquée sur chaque courbe.

À SAVOIR

- En suivant une courbe de niveau, on ne monte ni on ne descend.
- Plus les courbes de niveau sont serrées, plus le relief est escarpé.
- Si ton chemin coupe des courbes de niveau serrées, la montée ou la descente est forte.
- Si ton chemin, ne rencontre que peu de courbes de niveaux, le terrain est relativement plat.

Des points connus en altitude figurent également sur la carte, pour indiquer le relief.

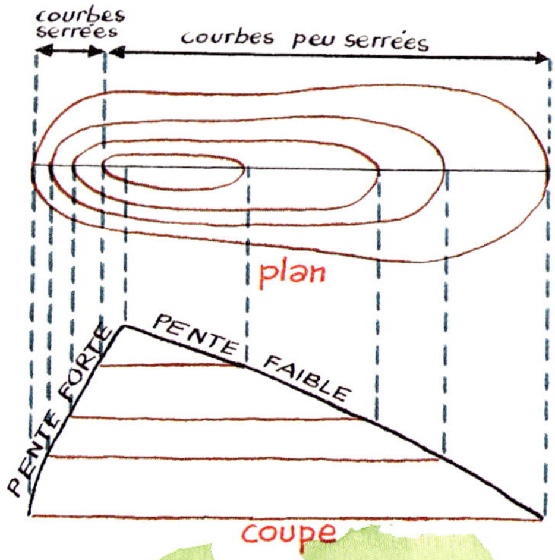

LES DIFFÉRENTS NORDS

L'axe de rotation de la terre définit le POLE NORD GÉOGRAPHIQUE qui est fixe.
Depuis un point quelconque de la terre, la direction vers ce pôle, s'appelle le NORD GÉOGRAPHIQUE.
Le POLE NORD MAGNÉTIQUE qui attire l'aiguille de la boussole, ne se situe pas exactement au même endroit que le pôle nord géographique et de plus, il n'est pas fixe.
Le petit secteur angulaire compris entre le nord géographique et le nord magnétique, se nomme la DÉCLINAISON.

La déclinaison varie lentement au cours des années et n'est pas la même partout. La valeur de la déclinaison figure sur chaque carte.

La déclinaison est petite. On ne fait donc généralement pas la différence entre le nord géographique figurant sur la carte, et le nord magnétique indiqué par la boussole.

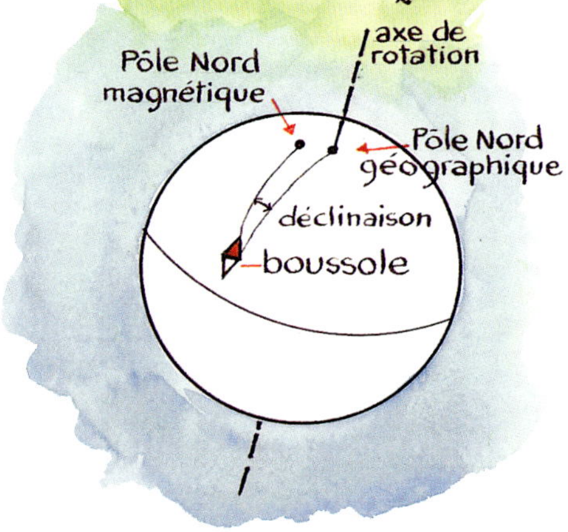

Les cartes les plus utilisées par les randonneurs font partie de la série bleue ou Top 25, à l'échelle 1/25 000. Pour lire directement les distances sur une carte, on peut se servir d'une règle graduée en fonction de l'échelle. Ces règles sont gravées sur les bords de la boussole.

GALOP 4 • Connaissance du milieu

LES DIFFÉRENTES PLANTES TOXIQUES ••• ARBRES ET ARBUSTES

CONNAISSANCE ET RECONNAISSANCE DE DIFFÉRENTES PLANTES TOXIQUES

Le cheval se méfie naturellement de la plupart des plantes toxiques.
Il peut cependant lui arriver d'en consommer, lorsqu'il est à l'attache par exemple.

		EFFETS DES PLANTES TOXIQUES
If		Conifère aux baies rouges dont une centaine de grammes de baies ou de branches suffisent pour tuer un cheval.
Buis		Toutes ses parties sont toxiques. Attention aux branches de buis qui sont jetées dans la pâture après avoir été taillées !
Troène		Il est utilisé pour faire des haies. Ses feuilles peuvent être mortelles pour le cheval.
Cytise		Quelques centaines de grammes suffisent à provoquer de graves problèmes digestifs.
Robinier		L'écorce de cet arbre est toxique.
Chêne		Les feuilles et les glands sont toxiques

LES DIFFÉRENTES PLANTES TOXIQUES

PLANTES HERBACÉES SAUVAGES

Prêle	Parfois contenue dans le foin, elle peut être à l'origine de troubles digestifs et nerveux.
Lierre terrestre	Déclenche des problèmes cardiaques et respiratoires graves.
Fougère grand aigle	Peut provoquer une paralysie.
Colchique	Graines et feuilles sont toxiques, même séchées.
Millepertuis	Le cheval qui en a consommé devient très sensible au soleil, ses paupières se gonflent et des croûtes se forment sur les ladres (zones de peau rose).
Rhododendron	Plante qui provoque des vertiges et des troubles digestifs graves.

GALOP 4 • Pratique

PARCOURS DE L'ÉDITION OFFICIELLE 2001

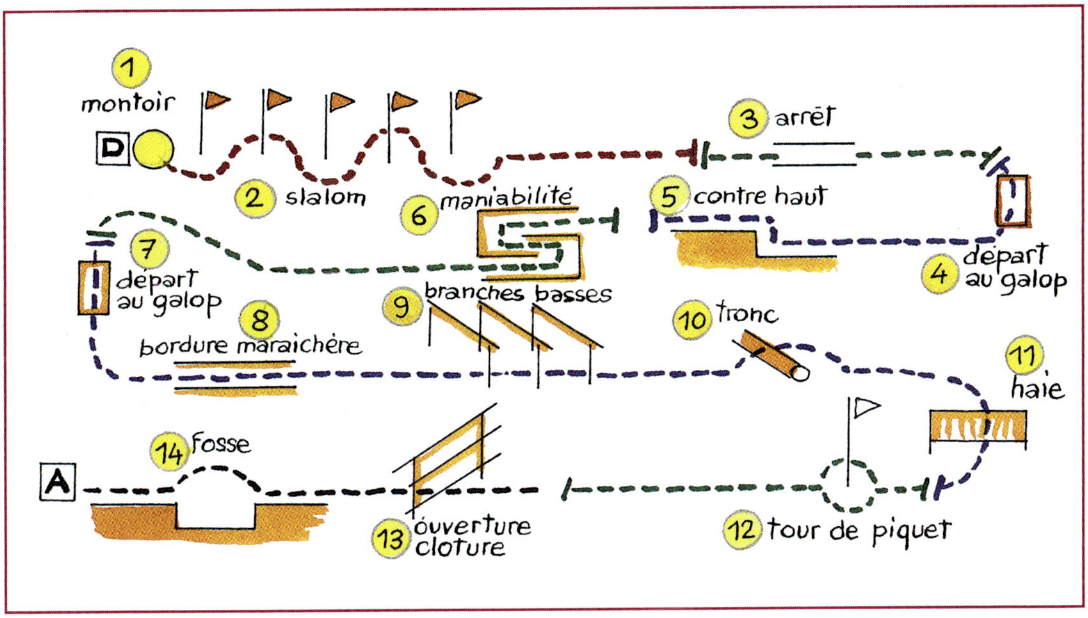

Allures
Noir = en main
Vert = pas
Rouge = trot
Bleu = galop

PÉNALITÉS (voir aussi page 1)

■ **En main**

- ✖ Cheval qui dépasse le cavalier
- ✖ Cheval qui bouscule le cavalier

■ **À cheval**

- ✖ Chaque pied qui bouge lors du montoir
- ✖ Touché de barre
- ✖ Départ manqué rectifié
- ✖ Refus
- ✖ P.O. non passé
- ✖ Changement d'allure non rectifié
- ✖ Porte ou P.O. manqué
- ✖ Changement de diagonal non rectifié
- ✖ Départ au galop non rectifié
- ✖ Toute difficulté non faite
- ✖ Chute
- ✖ Toute brutalité et attitude dangereuse pour le cavalier, le cheval ou l'environnement entraîne l'élimination

Notation : total minimum exigé pour l'obtention du Galop 12/14

GALOP 4 • Pratique

GRILLE DE NOTATION

Allure	N°	Difficultés	note 1 ou 2	Dessin	Points essentiels
	1	Montoir à gauche sans avantage, dans un cercle de 3 m de diamètre.			Immobilité du cheval, légèreté et précision du cavalier. Le cheval ne doit pas sortir du cercle. Les deux étriers doivent être chaussés.
Trot	2	Slalom 5 piquets, intervalle 6 m avec 4 changements de diagonale.			Conduite souple et discrète. Allure régulière. Ne pas toucher les fanions et ne pas trop s'en écarter. Changer de bipède diagonal, à chaque changement de direction.
	3	Arrêt 5 secondes dans une bordure maraîchère (longueur 6 m, largeur 0,7 m)			Cheval immobile, qui doit rester entre les barres et ne pas les toucher.
Galop	4	Départ au galop dans une zone matérialisée (longueur 8 m, largeur 2 m) sur le pied indiqué par le jury.			Départ au galop sur le bon pied avec des aides discrètes.
	5	Contre haut (hauteur 0,7 à 0,8 m, front 3 m minimum)			Franchissement régulier. Équilibre et impulsion. Position du cavalier correcte. Diriger le cheval et ne pas le gêner.
Pas	6	À 25 m, maniabilité (3,3 x 4,2 m) largeur 0,9 m.			Aides précises, le cheval ne doit ni sortir ni toucher les barres.
Galop	7	Départ au galop dans une zone matérialisée (longueur 8 m, largeur 2 m) sur l'autre pied.			Départ au galop sur le bon pied avec des aides discrètes.

GALOP 4 • Pratique

GRILLE DE NOTATION

Allure	N°	Difficultés	note 1 ou 2	Dessin	Points essentiels
	8	Bordure maraîchère (longueur 8 m, largeur 0,8 m)			Rester dans le couloir sans toucher les barres. Galop régulier dans le calme.
Galop	9	3 branches basses, intervalle 2 m, 0,4 m au-dessus du garrot du cheval.			Ne pas faire tomber les barres, progression régulière au galop. Calme du cheval et du cavalier.
	10	Tronc (hauteur 0,8 m, front 3 m minimum)			Franchissement dans l'axe. Équilibre et impulsion du cheval. Position correcte du cavalier qui ne doit pas gêner le cheval.
	11	À 15 m, haie (hauteur 0,8 m, front 3 m minimum)			Franchissement régulier dans l'axe. Équilibre et impulsion du cheval. Position correcte du cavalier qui ne doit pas gêner le cheval.
Pas	12	À 15 m, piquet, tour complet sans lâcher (fixe et incassable)			Guider le cheval avec une seule main. Rester à distance fixe du piquet.
En main	13	Ouverture d'une clôture (barrière de champ en fil lisse 3 rangs, 3 m de front)			Franchise du cheval. Ne pas lâcher la porte du début à la fin. Calme du cheval et du cavalier.
	14	Fossé largeur 0,8 m, profondeur 0,6 m maximum, front 3 m minimum.			Franchissement régulier dans l'axe. Équilibre et impulsion du cheval. Position correcte du cavalier qui ne doit pas gêner le cheval.
		TOTAL			

« Nouveaux examens d'équitation »

- **Manuel + Questions/Réponses d'examens : GALOPS 1 à 4**
- **Préparer ses examens : GALOPS 5 à 6**
- **Préparer ses examens : GALOP 7**
- **Préparer ses examens : GALOPS de pleine nature 1 à 4**
- **Questions-Réponses d'examens : GALOPS 5 à 7**

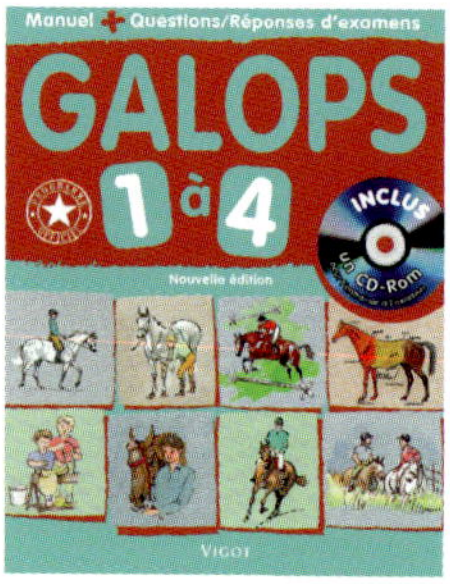